भ्रष्टाचार के सैनिक

भ्रष्टाचार के सैनिक

प्रेम जनमेजय

वाणी प्रकाशन

वाणी प्रकाशन
4695, 21-ए, दरियागंज, नयी दिल्ली 110 002
शाखा
अशोक राजपथ, पटना 800 004
फ़ोन : +91 11 23273167 फ़ैक्स : +91 11 23275710
www.vaniprakashan.in
vaniprakashan@gmail.com
sales@vaniprakashan.in

BHRASHTACHAR KE SAINIK
by Prem Janmejai

ISBN : 978-93-5229-642-2
Satire

प्रथम संस्करण

मूल्य : ₹ 350

सिटी प्रेस, दिल्ली-110 095 में मुद्रित

वाणी प्रकाशन का लोगो मक़बूल फ़िदा हुसेन की कूची से

अपने युवा साथियों

अजय नावरिया, विवेक मिश्र, पंकज सुबीर और लालित्य ललित

को सप्रेम

तू भी रानी में भी रानी...

हिन्दी साहित्य में, अपनी उपस्थिति के लिए व्यंग्य-पथ के निर्माण का कार्य पर्याप्त श्रमपूर्वक किया गया है और किया जा रहा है। व्यंग्य को दोधारी तलवार पर चलने जैसा कठिन कहा गया है। व्यंग्य-पथ के निर्माण में भी दोधारी तलवार पर चलने की यह कठिनाई निरन्तर चुनौतियाँ उपस्थित करती रही है। अनेक ऊबड़-खाबड़ रास्तों पर अपनी-अपनी कुदालियों से पगडंडियाँ तैयार की गयी हैं। अभी भी मार्ग में अनेक काँटे हैं तथा साँप-बिच्छुओं जैसे जीवों की चुनौतियाँ हैं। हिन्दी व्यंग्य को पाठकों का अपार स्नेह मिल रहा है। इस अपार स्नेह के चलते सामयिक व्यंग्य स्वयं को राजमार्ग पर चलने का दम्भ पालने लगा है। व्यंग्य का आलोचनाशास्त्र अभी तैयार नहीं हुआ और अंडे से निकलने वाला चूजा विलाप कर रहा है कि मेरा कोई मूल्यांकन नहीं कर रहा है। चूजों ने गिरोह बना लिया है और एक-दूसरे का आभासित मूल्यांकन कर अपनी महानता का डंका पीट रहे हैं। एक दम्भकाल निर्मित हो रहा है। व्यंग्य प्रवृत्ति पर होना चाहिए, व्यक्ति पर व्यंग्य उसे सीमित और तात्कालिक कर देता है। अधिकांशतः व्यंग्य के प्रति यही दृष्टिकोण है। यही नहीं व्यंग्य आलोचना का भी यही दृष्टिकोण विकसित हो रहा है। हिन्दी साहित्य में एक आलोचना दृष्टि रही है जिसके द्रष्टा 'मेरे तो गिरधर गोपाल दूसरो न कोय' या फिर 'तुलसी मस्तक तब नवे, धनुष बान हो हाथ' का भजन गाते रहे हैं। इससे अनेक अखाड़े पैदा हो गये। अखाड़े के महन्तों और पठ्ठों ने एक अलिखा संविधान रच दिया। पठ्ठे को गीता या अगीता पर हाथ रखकर कसम खानी होती थी कि में अपने अखाड़े के अलावा किसी और की न तो प्रशंसा करूँगा और न ही निन्दा। करूँगा तो केवल उपेक्षा। जहाँ भी जाऊँगा वहाँ अखाड़े के संविधान द्वारा निर्धारित नामों की चर्चा करूँगा। किसी गोष्ठी, किसी पुरस्कार समिति, आदि में किसी पर पुरुष की ओर देखूँगा भी नहीं। अपनी नसबन्दी करवा लूँगा। ऐसी पतिव्रता एवं सच्चरित्रा नारियों के कारण आलोचना

की बगिया में कहीं वसन्त होता तो कहीं पतझड़। हिन्दी व्यंग्य आलोचना भी उसी राह पर चल पड़ी है। हिन्दी व्यंग्य का दुर्भाग्यकाल दस्तक दे रहा है। तू भी रानी में भी रानी तो कौन भरेगा पानी! व्यंग्य में पानी भरने वाले नहीं हैं। सब प्यासे एक-दूसरे को आदेश दे रहे हैं।

परसाई ने लिखा था—'व्यंग्य लिखने वाले की कोई एक ट्रेजडी नहीं है। 'फनी' से उसे मनुष्यता की भावना से हीन तक समझा जाता है। 'मजा आ गया से' लेकर 'गम्भीर हो जाओ' तक की प्रतिक्रियाएँ उसे सुननी पड़ती हैं। ...लेकिन इसके बावजूद पाठकों का एक बड़ा वर्ग है, जो व्यंग्य में निहित सामाजिक-राजनीतिक अर्थ-संकेत को समझते हैं।' पर मुझे लगता है कि धीरे-धीरे यह वर्ग कम हो जा रहा है, व्यंग्य से भाग रहा है क्योंकि तथाकथित व्यंग्य लिखने वाला लेखन के बाजारवाद से प्रभावित व्यंग्य को वस्तु बनाने को तत्पर है। परसाई ने बड़े दर्द के साथ लिखा था—मुझ पर शिष्ट हास्य का रिमार्क चिपक रहा है। यह मुझे हास्यास्पद लगता है। महज हँसाने के लिए मैंने शायद ही कभी कुछ लिखा हो। और शिष्ट तो में हूँ ही नहीं। कभी 'शिष्ट हास्य' कहकर पीठ दिखाने का भी सुभीता होता है। मैंने देखा है—जिस पर तेजाब की बूँदें पड़ती हैं, वह भी दर्द दबाकार, मिथ्या अट्टहास, कर कहता है, 'वाह, शिष्ट हास्य है!' 'मुझे यह गाली लगती है।'

पर आज स्थिति विपरीत है। कान बहरे हो चुके हैं। कोल्हू बने रचनाकार एक ही घेरे में घूमते हुए मस्त हैं। बड़े आशीर्वाद की मुद्रा में हैं। कर कमल हो गये हैं, चरण ढूँढ़े नहीं मिल रहे हैं तथा मुँदे नेत्र न जाने कब खुलकर कृपा करेंगे की प्रतीक्षा-रस से लबालब भरे हुए हैं। ऐसे में व्यक्ति मार्गदर्शक, प्रेरक, आशीर्वाददाता आदि न जाने क्या-क्या हो जाता है। आशीर्वाद लेने और देने की तो हमारे देश में बहुत गहरी परम्परा है, इतनी गहरी कि कुछ लोग एक बार इसमें गिरते हैं तो कुएँ के मेंढक हो जाते हैं या उस कीचड़ के ऐसे कमल हो जाते हैं जो हर समय आशीर्वाद से ही लथपथाया रहता है। सन्तों की पहियाँ सीकरी में जाने से घिसती हैं तो आशीर्वाददाताओं की चरण छुवाई प्रक्रिया में घिसती हैं। सब जानते हैं कि आशीर्वाद देने का अधिकार उसी को है और उसी का आशीर्वाद सार्थक होता है जो धर्म, अर्थ, काम, पद आदि आभूषणों से सुसज्जित होता है, खाली-पीली आशीर्वाद तो नंगी के नहाने और निचोड़ने जैसा अथवा मतदाता के पाँच वर्ष में एक बार मत के अधिकार जैसा होता है।

सामयिक हिन्दी व्यंग्य के समक्ष दो बड़ी चुनौतियाँ हैं—उसे सीमित होने से बचाना और उसके गाम्भीर्य की रक्षा करना। पाठकों से मिले स्नेह के कारण

स्वयं को विशिष्ट मानने वाले व्यंग्यकार न केवल आत्महत्या के मार्ग पर हैं अपितु सार्थक एवं सामाजिक सरोकारों से युक्त व्यंग्य के हत्यारे हैं। व्यंग्यकार साहित्यकार ही होता है और एक साहित्यकार के नाते उसके भी वही सामाजिक सरोकार हैं जो मशाल की तरह जलने और मार्ग को प्रकाशित करने वाले एक रचनाकार के होने चाहिए। व्यंग्य के कुओं के स्थान पर कम से कम व्यंग्य की बावड़ियों का निर्माण किया जाये। व्यंग्य की स्वीकार्यता तभी बढ़ेगी जब हम उसे विस्तृत हिन्दी साहित्य का हिस्सा समझेंगे। स्वीकार्यता के लिए यह भी आवश्यक है कि हम व्यंग्य के हथियार को भोथरा न करें। बिकने की चाह में उसे लकड़ी की तलवार न बनायें। वैसे तो सावधानी की आवश्यकता हर विधा के लेखन में रहती है पर व्यंग्य क्योंकि हथियार है अतः इसके प्रयोग में अधिक सावधानी की आवश्यकता है। यह ज्ञान बहुत आवश्यक है कि इस हथियार का प्रयोग हम सैनिक की तरह कर रहे हैं या हत्यारे की तरह। किस पर व्यंग्य करना है और किस पर नहीं, इसका विवेक भी आवश्यक है।

मैं उसी पीढ़ी का हूँ जिसने भारतीय इक्कीसवीं सदी का स्वप्न देखा है और आज उसका यथार्थ देख रहा हूँ। मैं उस पीढ़ी का हूँ जिसने बीसवीं सदी का उत्तरार्द्ध देखा है। प्रजातन्त्र में सपने खूब बँटते हैं और प्रजातन्त्र में ही उन सपनों से मुठभेड़ भी होती है। प्रजातन्त्र का जीव संघर्षशील प्राणी होता है तो अवसाद में डूबी हुई लगभग निष्प्राण देह भी। प्रेमचन्द ने अपने समय में किसानों की दुर्दशा का जो वर्णन किया और गोदान में होरी के रूप में संघर्षशील किसान का जो संकेत दिया, वह वर्षों बाद भी एक सपना-सा लगता है। जब आज किसान आत्महत्या करता है तो लगता है जैसे शताब्दियाँ कैलेंडरों में खुशहाल होती हैं। देश के हर समय में आम आदमी, आम आदमी ही रहा है और इसकी जनसंख्या में निरन्तर वृद्धि ही हुई है। उसकी चिन्ताएँ शाश्वत हैं। वह हर युग में पंक्तिबद्ध रहा है। उसे पंक्ति में लगाने वाले 'अनुशासित' अच्युत हैं। पर वह कभी राशन लेने के लिए, कभी दूध लेने के लिए, कभी कोयला लेने के लिए और कभी अपनों ही पैसा पाने के लिए पंक्तिबद्ध है। मुझे याद है साठ और सत्तर का वह दशक जब अखाद्य-सी लाल गेहूँ, मिट्टी के तेल और कोयले के लिए पंक्तिबद्ध रहने के बावजूद निराशा हाथ लगती थी। जब मैं सुबह चार बजे डी.एम.एस. दूध की बोतल पाने के लिए अपनी खाली बोतल को लाइन में लगा आता था। में आज, बाई वन गेट वन फ्री वाले भरेपूरे समृद्ध मॉल भी देख रहा हूँ।

इक्कीसवीं सदी लेकिन परन्तु के साथ देश की समृद्धि की सदी है। विज्ञान ने हमारी दुनिया को हथेली में सरसों-सा जमा दिया है। संचार माध्यमों, सूचना

प्रौद्योगिकी आदि के कारण हम निरन्तर प्रगतिपथ पर अग्रसर हैं। इस क्षेत्र में हो रहे निरन्तर अनुसन्धान प्रतिदिन कुछ न कुछ नये को हमारे जीवन का अंग बना रहे हैं। इस प्रक्रिया में नया बहुत जल्दी पुराना हो रहा है। प्रतियोगिता के इस परिवेश में, नया परोसकर जैसे-तैसे आगे बढ़ने की लालसा ने लक्ष्य को महत्त्वपूर्ण कर दिया है और माध्यम को गौण। कुछ समस्याएँ यदि शाश्वत हैं, किसी वटवृक्ष की तरह एक ही स्थल पर खड़ी अपनी जड़ों की दाढ़ियाँ बढ़ा रही हैं तो बहुत कुछ ऐसा भी है जो सुमित्रानन्दन पन्त की 'पल पल वेश बदलने वाली प्रकृति जैसा है। जो प्रमाण दे रहा है कि हम जेट एज में हैं और हमें वैसा ही गतिशील होना है। समय बदल रहा है, परिस्थितियाँ बदल रही हैं और साथ ही निरन्तर हमारी सोच भी बदल रही है। आज से बीस वर्ष पूर्व पाश्चात्य संस्कृति का उपभोक्तावादी दृष्टिकोण, व्यक्तिवाद आदि हमें चौंकाते थे पर आज नहीं चौंकाते हैं। हमारी साँसकृतिक मौलिकता के समक्ष अनेक चुनौतियाँ हैं। जो संवादहीनता पश्चिमी देशों में वर्षों पहले हुआ करती थी वह आज हमारे समाज में अपने पैर फैला चुकी है। ऐसे में इन सबसे लड़ने का एकमात्र हथियार व्यंग्य ही है। व्यंग्य, बदलते सामाजिक परिवेश में उत्पन्न विसंगतियों के विरुद्ध लड़ाई का एक सार्थक हथियार है। सामयिक परिवेश में अवसाद, मूल्यहीनता, एकाकीपन आदि की उत्पन्न स्थिति का सामना करने के लिए व्यंग्य एक उपयुक्त माध्यम है। आज राजनीति, समाज, धर्म, साहित्य आदि में जो मूल्यहीनता की स्थिति है तथा जिस प्रकार हमारी वर्तमान व्यवस्था आक्रोश के स्थान पर पलायन के भाव को भरना चाहती है, आर्थिक प्रगति के नाम पर विरोध के प्रजातान्त्रिक अधिकार को कुन्द करना चाहती है उसके चलते व्यंग्य की भूमिका अत्यधिक महत्त्वपूर्ण हो जाती है। पर क्या हम व्यंग्यकार व्यंग्य की इस भूमिका को समझ रहे हैं? क्या हम आज के समाज को समझ रहे हैं, कहा जाता है कि साहित्य समाज का दर्पण है पर क्या व्यंग्य के दर्पण में यह समाज दिखाई दे रहा है, या राजनेताओं के मात्र कैरिकेचर?

व्यंग्य के घाट पर सन्तों की लगी भीड़ देखकर अच्छा लगता है। चन्दन घिसने का और तिलक करने का मन करता है। पर मन शंकित होता है कि चन्दन किसी व्यापारी सन्त के माथे पर न लग जाये।

में आभारी हूँ 'वाणी प्रकाशन' का कि उन्होंने मेरे संकलन को प्रकाशित कर मुझे न केवल सकारात्मक सोच की समृद्ध साहित्यिक परम्परा से जोड़ा है अपितु साहित्यिक अभिरुचि सम्पन्न पाठकों का एक विशाल पाठक वर्ग भी प्रदान किया है।

–प्रेम जनमेजय

अनुक्रम

बर्फ का पानी

सूचना मिली के वे मर गये हैं। बाहर जून की गर्म भरी दोपहर थी और वे मर गये थे। बाहर मुँहावरे में ही नहीं हकीकत में आग बरस रही थी। वे दिल्ली जैसे महानगर में मरे थे जहाँ किसी मरे की अर्थी को कन्धा देने जाने के लिए सड़क पर बार-बार मरने से बचना होता है। एसी का अभ्यस्त हो चुका शरीर बिन एसी अधमरा हो जाता है। लू के थपेड़े आपको अधमरा कर ही देते है। वैसे एक लाभ है, मरे आदमी की अन्तिम यात्रा में अधमरा होकर जाया जाये, लगता है कि आप बहुत दुखी हैं।

वे दिल्ली के दूसरे कोने में मरे थे, 30 किलोमीटर दूर। ये दोनों बूढ़े पेंशनधारी हैं। पेंशन दवाई खाने में अधिक खर्च होती है, खाना खाने में कम। पर जाना तो है वरना बिरादरी क्या कहेगी। वे अपनी अनिच्छा और बिरादरी की इच्छा से चले। टैक्सी की औकात नहीं थी, बस में धक्के खाने की हिम्मत नहीं थी सो उन्होंने ऑटो ले लिया। ऑटो में लू चारों दिशाओं से वैसे ही आक्रमण करती है जैसे चुनाव में उसकी गर्मी।

जो मरे थे वे जे जे कालोनी के दो कमरे के मकान में अपने कुनबे के साथ रहते थे। जे जे कालोनी का श्मशान भी निवासियों की तरह गरीब होता है। न पंखा और न बैठने का उचित स्थान। लाश को निबटाने का मन करता है। पॉश कॉलोनियों का श्मशान भी पॉश होता है। यहाँ बार-बार मरकर आने का दिल करता है। शवयात्रा में आयी सुन्दरियों से शोभा बढ़ जाती है।

ज़मीन पर बिछी दरियों पर बैठे, सहमें-से विवश लोग...धूप की तेजी को रोकने के लिए, अपनी मौत को रोकने को विवश किसी गरीब किसान-सा, तना शामियाना। थके-हारे दोनों बूढ़े पेंशनधारी, पानी के दो गिलास गटक कर गर्म शमियाने के अन्दर बैठ गये थे। कैसे मरे? क्या हुआ था? यह सब कैसे हो गया? कल तक तो ठीक थे, जैसे प्रश्नों के बाद एक चुप्पी। अब कोई कितनी

देर तक मरे आदमी की बात करे। ताजा मौत हुई थी और शव अभी पड़ा था इसलिए आवाज ऊँची नहीं उठ सकती थी। बड़ी लड़की हरिद्वार में रहती थी। उसे तार दे दिया गया था। शव बर्फ की सिल्लियों के बीच रखा हुआ था। इतनी तेज गर्मी में चार-पाँच घंटे भूखे रहना तो सम्भव था, परन्तु सूखते गले को सहना कठिन था। एक टब में पानी भरकर बर्फ डाल दी गयी थी। गिलासों को धोने, उन्हें रखने-उठाने की आवाज उदास चुप्पी को तोड़ रही थी। कभी-कभी पानी की चाह में अपराध-बोध सी ग्रस्त जैसी आवाजें बिखरी हुई थीं। औरतों के बीच घिरी शव की पत्नी का विलाप अब हिचकियों में बदल गया था। बड़ी लड़की के इन्तजार में लोग धूप में जल रहे थे। प्रतीक्षारत लोगों को मरने वाले के मरने का दुख कम हो रहा था और लड़की के अब तक न आने का कष्ट बढ़ रहा था। उदासी बेचैनी में बदल रही थी। बहुत देर तक जमीन पर घुटने मोड़ कर न बैठ पाने वाले दर्दिया रहे थे। बतरसियों को चुप्पी खल रही थी। धीरे-धीरे लोगों ने परिचितों के पास सिमटकर फुसफुसाहट में बतियाना शुरू कर दिया। लाश बर्फ में लिपटी पड़ी थी। गर्मी के कारण पीने का पानी कम पड़ रहा था। उम्मीद नहीं थी कि इतना इन्तजार करना पड़ेगा। हरिद्वार से टैक्सी दिल्ली के बार्डर तक तो ठीक आयी पर दिल्ली में घुसते ही जाम में फँस गयी थी।

सब के हृदय गर्मी की लू के कारण स्तब्ध थे। दूर-दूर तक कोई नहीं दिखाई दे रहा था जैसे चुनाव हारी हुई पार्टी के कार्यालय में दूर-दूर तक कोई नजर नहीं आता है।

बूढ़ा बोर हो रहा था। वह बहुत जल्दी बोर हो जाता है। वैसे भी यह समय उसके पसन्दीदा सीरियल का था। अचानक उसने दो बच्चों को दौड़ते हुए अपनी तरफ आते हुए देखा। उसने अपनों ध्यान इधर लगा दिया। दोनों में जैसे पहले पहुँचने की होड़-सी लगी हुई थी। एक बारह-चौदह वर्ष का होगा और दूसरा सात-आठ वर्ष के लगभग। उस भीषण गर्मी में न जाने किस उम्मीद में वे इस ओर भागते हुए आ रहे थे। बड़ा लड़का पहले पहुँचा था। उसने जैसे ही शव को बर्फ की सिल्ली पर पड़े देखा, सहमकर रुक गया। उसने अपने सिर पर हाथ रख लिया था। छोटा भी पहुँच गया और उसने प्रश्नवाचक आँखों से बड़े की ओर देखा। बड़े लड़के ने छोटे का हाथ उसके सिर पर रख दिया। दोनों के चेहरे बता रहे थे कि उन्होंने कुछ अनहोना देखा है। वे किसी उम्मीद में दौड़ते हुए आये थे। शायद शामियाना लगा देखकर उन्होंने सोचा होगा कि कोई शादी-ब्याह है। दोनों भागने के कारण हाँफ रहे थे बड़े ने नेकर और कमीज पहनी हुई थी और छोटा केवल नेकर में था। दोनों नंगे पैर थे और सिर पर हाथ रखे अब भीड़ को

घूर रहे थे। नंगे पैर जलने लगे तो दोनों छाँह में खड़े हो गये। उनके लिए वहाँ रुकना आवश्यक नहीं था, परन्तु शायद एक आतंकपूर्ण विवशता थी या फिर इतनी धूप में दौड़कर आने के कारण वे वापस लौटने का साहस खो चुके थे। आते समय तो कुछ मिल जाने की उम्मीद थी, परन्तु जाते समय....

छोटे लड़के को शायद प्यास लग आयी थी। वह धीरे-धीरे पानी पीने के लिए उस ओर बढ़ रहा था, जहाँ पानी का टब पड़ा था। वहाँ पहुँचकर उसने हथेलियों से ओक बनाकर पानी माँगा था, परन्तु उस अधनंगे बीभत्स बच्चे को सामने देखते ही वहाँ खड़े सज्जन ने उसे डाँट दिया था। प्यास की विवशता में जब छोटे लड़के ने दोबारा पानी माँगा तो वे सज्जन दाँत पीसते हुए उसे मारने को दौड़े-से थे। बर्फ का ठंडा पानी बैठे हुए लोगों के लिए था, न कि उस आवारा लड़के के लिए।

छोटा लड़का विवश, निराश-सा बड़े के पास खड़ा हो गया था, उसके होंठ सूख रहे थे और वह उन्हें बार-बार जीभ फेरकर तर कर रहा था।

इस बीच प्रतीक्षा खत्म हो गयी थी। बेटी आ गयी थी। शव को नहलाने के लिए उसे बर्फ की सिल्लियों में से निकाला गया। बर्फ की सिल्लियों को पास की सूखी नाली में लुढ़का दिया गया था। छोटे लड़के ने जीभ से एक बार फिर होंठों को तर किया था।

'राम नाम सत्त' की आवाज से अरथी उठी। 'रामनाम सत्त है, सत्त बोलो गत्त है।' एक निष्प्राण देह जीवित लोगों की बिरादरी से उठ रही थी। तभी बूढ़े ने उस छोटे लड़के को देखा। वह नाली में फेंकी गयी बर्फ का एक टुकड़ा उठाकर चूस रहा था। उसका दूसरा हाथ उसके सर पर था।

बड़े ने उसे डाँटा—फेंक इसे, ये मुर्दे की बर्फ है।

छोटे ने चूसते हुए कहा—बर्फ जूठी थोड़े होती है।

मोची भया उदास

मेरी चप्पल टूट गयी थी। मेरी चप्पल 'पुरानी' थी इसलिए टूट गयी थी। नयी चप्पल नहीं टूटती है। आजकल नया ब्रांड या मॉडल आने से नयी चीज पुरानी हो जाती है, बदल ली जाती है। यूज एंड थ्रो देवी के आशीर्वाद से टूटती नहीं हैं। पुरानी 'वस्तु', घर की बाई, वाचमेंन, कूड़ेदान आदि की शोभा बढ़ाती है। सुना हैं आज के बाजार में व्यक्ति भी वस्तु हो गया है। 'पुराना' हो गया व्यक्ति भी यूज एंड थ्रो देवी की कृपा से इस्तेमाल हो रहा है।

मैं और मेरी पत्नी अपने बेटे के घर में थे। बेटे ने हाईराइजर में आलीशान फ्लैट लिया था। कम कीमत में आलीशान फ्लैट लेना हो तो कुछ समय वीराने में रहने की आदत डालनी पड़ती है। आलीशान फ्लैट वो होता है जिसका कोई 'पड़ोस' नहीं होता है।

मेरा बेटा बहुराष्ट्रीय कम्पनी में काम करता है। उसकी कम्पनी का मुख्यालय अमेरिका में है। जब भारत में दिन होता तो अमेरिका में रात होती है और जब भारत में रात होती है तो अमेरिका में दिन होता है। दिन तो काम करने के लिए बना है। इसलिए उसका दफ्तर तो दफ्तर है ही घर भी दफ्तर है। दफ्तर से जब घर आता है तो उसके कान में इयर प्लग ठुँसा होता है। बहुराष्ट्रीय कम्पनी के पास सभी राष्ट्रों का धन होता है। यहाँ समय ही धन है। बाई वन गेट वन फ्री की शैली में कम्पनियाँ आपको दो आदमी की तनख्वाह देती हैं और आपसे चार आदमी का समय खरीद लेती हैं। चौबीस घंटों में आपका अपनों समय कुछ नहीं होता है।

मेरी चप्पल टूट गयी थी। मैंने अपने बेटे से कहा—बेटा मेरी चप्पल टूट गयी है।

वो सुबहवाली हड़बड़ी में था। वैसे चाहे सुबह हो या शाम वो हड़बड़ी में ही होता है। उसने मेरी ओर हड़बड़ निगाह से देखा और तपाक से डाइनिंग टेबल पर रखे अपने लैप टॉप पर बैठ गया। (कहने को लैप टाप आपकी गोदी में होना

चाहिए पर अकसर लोग उसकी गोदी में बैठे दिखाई देते हैं।) उसके एक कान में इयर प्लग था। मुझे लगा उसने मेरी बात सुनी नहीं।

मैंने 'अपने' बेटे से फिर कहा—बेटा, मेरी चप्पल टूट गयी है।

—मैंने सुन लिया पापा, चिल...आपका ही काम कर रहा हूँ। उसने दूसरे कान से, जिसमें इयर प्लग नहीं लगा था, सुन लिया था।

—पर तुम तो कम्प्यूटर के सामने बैठे हो, अपनों काम कर रहे हो।

—अपनों नहीं आपका काम। आप तो जानते हैं यह कॉलोनी नयी है और हम भी यहाँ नये हैं। मुझे यहाँ की शॉप्स की ज्यादा जानकारी नहीं है। गूगल सर्च में देख रहा हूँ आसपास कोई जूतों का शोरूम हो और वहाँ से नयी चप्पल ले आना।

—नयी की जरूरत नहीं है। बस थोड़ी-सी टूटी है, कोई भी मोची पाँच मिनट में गाँठ देगा।

—मोची तो पाँच मिनट में गाँठ देगा पर मोची को ढूँढ़ने में पाँच घंटे भी लग सकते हैं। इससे अच्छा है नयी ले लो।

—तुम कोई मोची ढूँढ़ दो...में उसके पास चला जाऊँगा।

—गूगल सर्च पर मोची नहीं मिलेगा...मिला तो इस एरिया का नहीं होगा और महँगा होगा। लगता है मेरी कॉल आ रही है...अभी मेरे पास टाइम नहीं है। ऐसा करता हूँ शाम को सर्च करता हूँ और हो सकता है ऑनलाइन अच्छी डील मिल जाये। —यह कहकर वह कम्प्यूटर से उठ गया और दूसरे कान में इयर प्लग ठूँस लिया।

जैसे महापुरुष सत्य की तलाश में निकलते हैं, चुनावकाल में नेता वोटर की तलाश में निकलता है, पुलिसवाला शिकार की तलाश में निकलता है, में मोची की तलाश में निकला। चारों ओर किसी गंजे-सा खुला मैदान मुझे चुनौती दे रहा था कि मोची नामक बाल ढूँढ़ कर तो दिखा। नैतिक मूल्यों-सा दुरूह मोची मुझे, भ्रष्टाचार मन्त्रालय में ईमानदारी-सा, बचे पेड़ की छाँह में बैठा दिख गया। उससे कुछ दूरी पर पान, बीड़ी, सिगरेट और गुटखे वाले का खोखा था। जैसे सब्जी आदि की दुकान नयी कॉलोनी की प्राथमिकता है वैसे ही पान, बीड़ी, सिगरेट और गुटखे वाले का खोखा भी। इसे खोलने के लिए बस पुलिस प्रभु की कृपा चाहिए होती है।

मोची उदास बैठा था। मक्खियाँ नहीं थीं फिर भी उन्हें मार रहा था। वो आभासित मक्खियों को मार रहा था। आजकल हमारे जीवन में आभासित दुनिया बहुत महत्त्वपूर्ण हो गयी है। जीवन में मित्रो और सम्बन्धियों के पास मिलने का समय नहीं है और हर बार न मिलने के बहाने ढूँढ़ने पढ़ते हैं। पर फेसबुक

या वाट्सऐप पर एक ढूँढ़ो तो हजार मित्र मिलते हैं। अनेक बार तो मित्रो को अनफ्रेंड करना पड़ता है। बहुराष्ट्रीय कम्पनियों की सन्तान-पति/पत्नी, एक-दूसरे से जितना आभासित दुनिया में मिलते हैं उतने भासित दुनिया में नहीं।

मोची है कि उसके पास काम नहीं है, काम नहीं है तो धन नहीं है। समय ही समय है। इसलिए वह उदास है। बहुराष्ट्रीय कम्पनी की सन्तानों के पास धन बहुत है पर समय इल्ले है। इसलिए उनका परिवार उदास है।

मैंने मोची से कहा—मेरी चप्पल टूट गयी है, क्या इसे गाँठ दोगे।

—और हम बैठे किसलिए हैं? उसके स्वर में कड़ुवाहट-सी थी।

—पर भाई नाराजगी से क्यों बोल रहे हो?

—आप जो हमारा मजाक बना रहे हैं। सुबह से दोपहर हो गयी मक्खियाँ मारते। शाम को ठुल्ला आ जायेगा अपनों हक माँगने। आप पूछ रहे हो कि चप्पल गाँठोगे...

—नाराज क्यों होते हो, निराश मत होओ अभी कॉलोनी नयी है, धीरे-धीरे ग्राहक आने लगेंगे।

—क्या खाकर आयेंगे ग्राहक। अपनी तो किस्मत में खोट है। कॉलोनी बस जायेगी पर हमारी दुकान का सूखा कम न होगा। वो सामने पान वाले की दुकान देख रहे हैं। रोज सौ-दो सौ लोग आते हैं उसकी दुकान में। सरकार ने गुटखा बन्द किया हुआ है पर ब्लैक में उससे जितना चाहे ले लो।

—घबराओ मत, एक दिन पकड़ा जायेगा...

मेरी बात सुनकर वो बहुत जोर से हँसा। उसने मुझे ऐसे देखा जैसे चुनाव के बाद मन्त्री बना नेता मतदाता को देखता है, न्यायालय को गरीब देखता है या फिर कोई अक्लमन्द मूर्ख को देखता है।

—ऐसे हँस क्यों रहे हो...मैंने कुछ गलत कहा...

—आपने कानूनन सही कहा पर यदि कानून उसकी दुकान में आकर खुद गुटखा लेता हो तो आप क्या करेंगे? बाबू जी नशा चाहे गुटखे का हो, सत्ता का हो या फिर भ्रष्टाचार का उसका नशाधारी पकड़ा नहीं जाता, यही घबराने की बात है। मेरे पास पैसा होता तो क्या में यह नीच काम करता...

—मेरे भाई, काम कोई भी नीच नहीं होता है...

—पर बाबू जी आज के समय में जिसके पास पैसा नहीं है, वह नीच ही माना जाता है। ऐसे नीच लोगों को न तो न्याय मिलता है और न ही सम्मान। जिस काम से पैसा न मिले तो वो नीच ही है...में तो सोच रहा हूँ कि कल से में भी पान का खोखा खोल लूँ...

—पर इस तरह से तुम जैसे लोग हमारे समाज से गायब हो जायेंगे, मोची इतिहास का विषय मात्र रह जायेगा।

इस बार वो हँसा नहीं, हल्का-सा मुस्काया और मेरी तरफ देखा और बोला—बुरा न मानें तो एक बात पूछूँ बाबू जी!

—हाँ पूछो।

—आपको क्या घर में खाना परोसा जाता है?

में कुछ अचकचाया और फिर बोला—परोसा तो नहीं जाता, पर टेबल पर डोंगे आदि में रख दिया जाता है और हम अपनी इच्छानुसार ले लेते हैं।

—इसका मतलब 'परोसा' शब्द आपके घर से गायब हो गया है। यह कहकर वह मन्द-मन्द मुस्काता-सा मेरी चप्पल गाँठने लगा।

में उसका क्या जवाब देता, चुप रहा।

सोचा कि हमारी जिन्दगी से गाँठने वाले गायब हो गये तो क्या होगा?

भ्रष्टाचार के सैनिक

वे समोसे नहीं थे पर तिकोन बने खड़े थे। उनमें आलू नहीं भरा था पर वे भरे हुए लग रहे थे। वे जो थे वैसा लग नहीं रहे थे क्योंकि वे आदमी थे, समोसे नहीं। वे भ्रष्टाचार के सैनिक थे, हलवाई के समोसे नहीं।

वे सैनिक नहीं थे पर सैनिक की वेशभूषा में थे। उन तीनों के सर पर टोपियाँ थीं पर उनके रंग जुदा-जुदा थे। उन्हें लड़ने का दिखावा करना था इसलिए उनके हाथों में लकड़ी के हथियार थे। उन्हें मार-काट नहीं मचानी थी, उन्हें जुबानी जंग लड़नी थी और हथियार से डराना था।

वें तीनों एक-दूसरे से पीठ किये खड़े थे। योद्धा तो आमने-सामने होते हैं, पीठ नहीं दिखाते हैं और न देखते हैं। पर ये महान योद्धा थे।

मैंने पहले से पूछा—आप कौन हैं?

तीनों ने एक साथ उत्तर दिया—में योद्धा हूँ।

मैंने दूसरे से पूछा—तुम्हारा शत्रु कौन है?

तीनों ने एक साथ उत्तर दिया—मेरा शत्रु भ्रष्टाचार।

मैंने तीसरे से पूछा—भ्रष्टाचारी कौन है?

तीनों पलटे। एक-दूसरे की ओर लकड़ी की तलवार तानी और समूहगान गाया—ये है भ्रष्टाचारी।

तीनों की आँखों में बराबर का खून खौल रहा था। तीनों बराबर भारत माता की जय बोल रहे थे।

इतनी देर में एक किसान आया और तीनों से बोला—मैं गरीबी से मर रहा हूँ। मेरी आत्मा की हत्या हो चुकी है। मेरी सहायता करो।

तीनों बोले—तुम अभी हमें डिस्टर्ब मत करो, हम भ्रष्टाचार के खिलाफ जरूरी जंग लड़ रहे हैं। इस लड़ाई में, देश के लिए तुम जान दो हम तुम्हें मुआवजा देंगे

यह कहकर एक टुकड़ा उछलकर वहाँ से किसान के पास गिरा जिसे पास

खड़े कुत्ते ने सूँघा और उबकाई करता हुआ चला गया। किसान ने अपनी आत्मा की हत्या कर ली। तीनों ने तालियाँ बजाईं।

किसान मर गया तो लुटी-पिटी औरत आ गयी। वे रोते-रोते बोली—'वे मेरी इज्जत लूट रहे हैं। समाज के शत्रु हैं, उन्हें मारो पार्थ!

पार्थ को तो भ्रष्टाचार के मोह ने ग्रसा हुआ था। तीनों पार्थ एक साथ बोले—देवी, अभी हम भ्रष्टाचारी से युद्ध कर रहे हैं। उनसे तुम लड़ो, हम तुम्हें लड़ने का मुआवजा और मेंडल देंगे

देवी को मुआवजे और मेंडल से बेहतर मृत्यु लगी। वह भी किसान बन गयी। उसके सम्मान में मोमबत्तियाँ जलीं और उसकी बहन ने सरकारी कृपा से नौकरी पायी।

इतनी देर में गुस्सैल साँड़-सा फुँफकारता दुबला-पतला मरगिल्ला पत्रकार आ गया। वह चिल्लाया—इस हमाम में तुम सब नंगे हो। में जनता को तुम्हारा नंगपन दिखाऊँगा। मेरे पास सी डी है।

तीनों लड़ना छोड़ पत्रकार की ओर सूर्य नमस्कार की मुद्रा में झुक गये। तीनों ने चाशनी घोलते हुए कहा—आप वहाँ क्या कर रहे हैं, आपका स्थान तो हमारे बीच है। आप तो हमारे चौथे खंबे हैं। आइए हमसे वार्ता कीजिए।

पत्रकार ने उनकी दी मीठी गोली मुँहँ में रखी। उनके बीच चला गया। अचानक धुन्ध-सी छा गयी। कुछ देर में उसका, आत्मा से युक्त होने के बावजूद, मृत शरीर किसी पुलिस थाने में पड़ा था।

वे तीनों वीर योद्धा थक गये थे। तीनों ने अपने-अपने हथियार अपने लॉकर्स में रखे और सब्सिडाइज कैंटीन की ओर, हाथों में हाथ डाल, चल दिये।

संसद ने कहा—मुझे सूना कर कहाँ चल दिये? तुम तो मेरे संग पाँच साल तक रहने का वादा कर के आये हो, मुझे विधवा कर कहाँ चले?

—तुम्हारा सधवापन अभी स्थगित है। यह कह तीनों समूहगान में हँसे।

तीनों पेट पूजा के लिए कैंटीन पहुँचे। तीनों ने एक-दूसरे की थाली को निहारा। तीनों की थालियाँ व्यंजनों से भरी थीं। पेट की पूजा की और डकार मारा। एक-दूसरे ने क्या खाया, आपसी युद्ध लड़ने के लिए, इसका निरीक्षण, किया। तत्पश्चात् वे तीनों पुनः अपने मोरचे पर सन्नद्ध हो गये।

हमारे देश में हर साल रामलीला होती है। हर मोहल्ले और गली-गली होती है। रामलीला के बीच में अगले सीन की तैयारी तक जोकर भी आता है। हम त्रेतायुग से वर्तमान में आ जाते हैं। रामलीला में राम की वेशभूषा में राम होते हैं पर वे राम नहीं होते हैं। हनुमान गदा उठाए आते हैं पर वे हनुमान नहीं होते

हैं। रावण होता है जिसे लकड़ी के तीर-कमान से मार दिया जाता है। वह मर जाता है। अगले वर्ष फिर रामलीला होती हैं। इस देश में हर साल लकड़ी के तीर-मान उठाए जाते हैं। हर साल रावण को मारा जाता है। रावण मरता है पुनः जीने के लिए। एक वर्ष के लिए रामराज्य स्थापित होता है।

अगले वर्ष फिर सीता का अपहरण होता है। राम वियोग में सीता फिर आँसू बहाती है। यह भी होता है कि अगले साल रावण का पार्ट करने वाला राम का पार्ट करे और राम का पार्ट करने वाला रावण का पार्ट करे।

इस देश में हर पाँच वर्ष बाद चुनाव-लीला होती है। भ्रष्टाचार को खत्म करने की लीला की जाती है। अगले सीन की तैयारी तक जोकर भी आता है। लकड़ी के हथियारों संग वाक्-युद्ध लड़ा जाता है। रामराज्य स्थापित होता है। फिर सीता का अपहरण होता है। राम वियोग में सीता फिर आँसू बहाती है। पार्ट बदल जाते हैं। रावण का पार्ट करने वाला राम का पार्ट करता है और राम का पार्ट करने वाला रावण का पार्ट करता है। अगली चुनाव-लीला तक के लिए रामराज्य आ जाता है। सबके अपने-अपने रावण हैं, अपने-अपने राम हैं और अपने-अपने रामराज्य हैं।

भारत की पहचान है समोसा, भारत की शान है समोसा। भारत की आन है प्रजातन्त्र, भारत की शान हैं उसके योद्धा। धन्य हैं वे सैनिक जो भ्रष्टाचार के द्वारा, भ्रष्टाचार के और भ्रष्टाचार के लिए हैं। धन्य हैं वे जिन्हें देख कपड़े पहनने वाले को शर्म आती है। हम उनके जज्बे और नंगई के साहस को सलाम करते हैं।

और हम उन्हें वोट देते हैं क्योंकि हम कुछ और कर नहीं सकते हैं।

चिंकारा होने की आज़ादी

मेरे दाँत में भयंकर दर्द था। जब दर्द भयंकर हो तो आप दर्द के अतिरिक्त और कुछ नहीं सोच पाते हैं। वह दर्द रोटी का हो, बेरोजगारी का हो, फसल बरबाद होने का हो या फिर रेप पीड़िता का। इस दर्द के कारण आपको नींद नहीं आती है और आप सुनहरे सपने भी नहीं देख पाते हैं। ऐसे में आपको किसी डॉक्टर के पास जाना ही होता है। निर्भर करता है कि डॉक्टर आपका इलाज करने वाला है या फिर इलाज के नाम पर आपको लूटने वाला।

मैं अपने दाँतों के डॉक्टर आहूजा के पास गया। डॉक्टर ने कहा—मुँह खोलो।

दाँतों का डॉक्टर ही है जिसके सामने मैं मुँह खोल सकता हूँ। दाँतों का डॉक्टर ही है जो मुँह खोलने की पूरी आजादी देता है, कहता है—और मुँह खोलो।

सब जानते हैं कि हम 15 अगस्त 1947 को आज़ाद हुए थे। सब जानते हैं कि हमारे देश में प्रजातन्त्र है। सब जानते हैं कि प्रजातन्त्र में सभी को मुँह खोलने का अधिकार है। पर बहुत कम जानते होंगे कि खुले मुँहों को बन्द करने का सर्वाधिकार कुछ लोगों के पास सुरक्षित है। आप किसी भी चैनल में बहस सुन लें, अखबार पढ़ लें पता चल जायेगा कि आप चारों ओर से मुँह बन्द करने वालों से घिरे हुए हैं। प्रजातन्त्र में आप मुँह खोलने को स्वतन्त्र हैं तो आपका मुँह बन्द करने वाले भी स्वतन्त्र हैं।

मेरे खुले मुँह में डॉक्टर अपनों हथियार चलाने लगा। मुझ बुजुर्ग को दर्द कम हो इसलिए वह बतरस के द्वारा मेरा ध्यान भी बँटाता रहता है। अपनी बतरस से आपका ध्यान बाँटनवाले, आपने चुनाव के समय देखे ही होंगे। डॉक्टर को मेरे सड़े दाँत का चुनाव करना था। आप भी तो चुनाव में कुछ सड़े...

डॉक्टर ने पूछा—और क्या चल रहा है?'

आपके मुँह में हथियार विचरण कर रहे हों तो आप अस्पष्ट-सी गों गों आवाज निकाल सकते हैं। मैंने भी गों गों किया।

डॉक्टर ने फिर हथियार घुमाया, कुछ किया और बोला—कुल्ला कर लें।

मैंने कुल्ला किया तो उसने अगला हथियार तैयार करते हुए पूछा—आपका पेंशन केस कोर्ट में था न, उसका क्या हुआ? उसे मेरे पेंशन की चिन्ता इसलिए है कि मेरी पेंशन लगेगी तो में दाँतों को इम्पलांट करने वाला खर्चीला इलाज उससे करवा लूँगा।

मैंने कहा—पिछले सोलह वर्ष से तो लग रहा है कि न्याय मिलेगा।

वह हँसा—स्वीट सिक्स्टीन। अरे मास्टर जी जब सोलह बरस में चिंकारा को न्याय नहीं मिला तो आपको कहाँ से मिल जायेगा? न्याय मिलता नहीं, खरीदना पड़ता है।

—खरीदना पड़ता है! किससे खरीदना पड़ता है?

—मँहगे वकील से, बिके हुए गवाह से, खरीदे पुलिस वाले से, और...। इसके बाद उसने मुँह बन्द कर लिया। न्यायालय की मानहानि के डर ने उसका मुँह बन्द कर दिया था।

मैंने कहा—इसका मतलब चिंकाराओं को न्याय नहीं मिल सकता?

वह बोला—उनको तो चित्रगुप्त के दरबार में मिलता है। पर वहाँ भी बहुत भीड़ है, बरसों लग जाते हैं नम्बर आने में।

—बरसों लग जायें, पर न्याय तो सही मिलता है न, खरीदना तो नहीं पड़ता।

मेरा दर्द कम करने के लिए, उसने सुन्न करने वाला इंजेक्शन ठोंका। आपका दर्द कम करने के लिए मुआवजे का इंजेक्शन भी ठोंका जाता है। में वर्तमान से सुन्न हो गया और चित्रगुप्त के दरबार में पहुँच गया।

चित्रगुप्त का दरबार सजा है। चित्रगुप्त थके हुए हैं। काम के बोझ से चित्रगुप्त हर समय थके हुए ही रहते हैं जैसे मल्टीनेशनल में काम करने वाले युवा। चित्रगुप्त को केवल मनुष्य के नर्क-स्वर्ग का लेखा-जोखा ही नहीं देखना है चौरासी लाख योनियों का हिसाब-किताब बिठाना है। हर योनि की बारी आती है। हर योनि को न्याय मिलता है। यहाँ देर है अन्धेर नहीं क्योंकि यहाँ न्याय बिकता नहीं है मिलता है। चित्रगुप्त को चाय-पानी पीने तक की फुरसत नहीं है। वैसे इस दरबार में चाय-पानी चलता भी नहीं है। चाय तो साँसारिक पेय है। यहाँ चाय वाला छोटू भी नहीं है।

अब पशु योनि की बारी है। अब चिंकारा की बारी है। चिंकारा चित्रगुप्त से अधिक थका है। काम उतना नहीं थकाता है जितनी न्याय की प्रतीक्षा थकाती है। चित्रगुप्त ने चिंकारा की थकान महसूस की, धरती में इस प्रतीक्षा को नहीं महसूसा जाता। चित्रगुप्त बोले—बहुत थके हुए हो? मायूस भी हो।

—थका तो में इसलिए हूँ कि सन् 1998 में मरा था और आज मेरी बारी आयी है। इन्तजार में थक गया हूँ। शुक्र है कि मेरी बारी आ गयी और अब तो न्याय मिलेगा ही। मायूस इसलिए हूँ कि धरती पर मुझे न्याय दिलाने के लिए जो लड़ रहे हैं वे मायूस हैं। उनकी बारी आ गयी पर न्याय की बारी नहीं आयी।

—हुँ तो तुम मरे नहीं तुम्हें मारा गया।

—आप उचित जानते हैं।

—तुम्हारे कर्मों का लेखा-जोखा कहता है कि यह तुम्हारी नियति थी। तुम्हें ऐसे ही मरना था।

—हमारी नियति तो बदल नहीं सकते पर धरती पर न्याय की नियति तो बदल सकते हैं, बदलें प्रभु ! एक निवेदन है प्रभु!

—कहो।

—जैसे मनुष्यों की जाति, धर्म आदि होता है, हमारी भी जाति और धर्म बना दें।

—क्यों?

—प्रभु यदि में दलित होता, हिन्दू-मुस्लिम-सिक्ख-ईसाई होता तो मुझे न्याय दिलाने वाले संसद हिला देते। मेरे लिए आन्दोलन हो जाते। मेरे हितचिन्तकों को न्याय अवश्य मिलता।

—जाति और धर्म की व्यवस्था तो मनुष्य ने बनाई है, हमने नहीं।

—पर मनुष्य के कर्म का निर्धारण तो यहाँ होता है।

—चिंकारा तुम्हें तो प्रसन्न होना चाहिए कि तुम धर्म और जाति के बन्धन से विहीन हो। तुम स्वतन्त्र हो। मैं तुमसे प्रसन्न हूँ, बताओ किस योनि में जाना चाहोगे?

—मनुष्य योनि में तो बिल्कुल नहीं।

—क्यों, यह तो सर्वश्रेष्ठ योनि है। मनुष्य योनि तो चौरासी लाख योनियों के बाद मिलती है।

—पर मैं धर्म जाति आदि के बन्धन से विहीन रहना चाहता हूँ, चित्रगुप्त!

और चित्रगुप्त ने चिंकारा को न्याय दे दिया।

क्यों चुप तेरी महफिल में है?

एक पुरानी कहावत है—एक चुप सौ सुख। (बाई वन ग्रेट वन फ्री तो आपने सुना होगा, पर बाई वन गेट हंड्रेड फ्री...! पुराने माल ऐसे ही बिकते हैं।) वैसे तो हम आधुनिक भारतीय हर पुरानी चीज को कबाड़ मानते हैं पर कबाड़ किसी मॉल की ब्रेंडेड दुकान में फटी जीन-सा बिकता है तो उसे सर-माथे लेते हैं। इन दिनों यह कहावत हमारी युवा पीढ़ी के सर-माथे है। राधेलाल पुरानी पीढ़ी का है पर यह कहावत उसके सर-माथे तो क्या घुटने तक में नहीं है। हाँ चुप्पी के कारण वह घुटता अवश्य रहता है जैसे कोई जनसेवक हाई कमांड की चुप्पी के कारण घुटता है। जैसे किसी याचक का घुटना उसकी नियति है वैसे ही नयी पीढ़ी के समक्ष पुरानी पीढ़ी का घुटना उसकी नियति है। पीढ़ी कोई भी हो, समय कोई भी हो—घुटने के अवसर सदैव उपस्थित रहते हैं।

राधेलाल कबीर नहीं है पर उदास रहता है। राधेलाल कबीर नहीं है पर जागता है और रोता है। (सिद्ध हुआ कि हर उदास रहने वाला और जागकर रोने वाला, कबीर नहीं होता है, वह राधेलाल भी हो सकता है।) राधेलाल अपने दुख से दुखी नहीं है और न दूसरों के सुख से दुखी है, वो तो आदमी के जानवर होने से दुखी है। जानवर के आदमी होने से राधेलाल क्या होता है, में नहीं जानता।

राधेलाल पुरानी पीढ़ी का है इसलिए घुटना उसकी नियति है। में उसे याद दिलाता हूँ कि तेरे पिता और दादा भी तेरे सामने ऐसे ही घुटते रहे हैं। इसपर राधेलाल कहता है—नहीं प्यारे, हमारी पीढ़ी घुटी नहीं पिटी है। कल सन्तान बनकर अपने माता-पिता से और आज माता-पिता बनकर अपनी सन्तान से। हमारी नियति घुटना नहीं पिटना है।

—पिटना! तू तो ऐसे ही बात का बतंगड़ बनाता है। मुझे नहीं लगता कि तेरी सन्तान ने कभी तुझपर हाथ भी उठाया होगा।

—प्यारे, मारने वाले का हाथ तो पकड़ सकते हो, बोलने वाले की जुबान

नहीं पकड़ सकते। और जो घाव जुबान देती है...

—ठीक कहते हो राधेलाल, जुबान से बड़ा घाव कोई नहीं। अपनों द्वारा दिया गया जुबान का घाव महाभारत करवा देता है।

—महाभारत की कोई चुनौती दे तो मैं वो भी लड़ सकता हूँ परन्तु चुप्पी की लड़ाई से कौन लड़े?

—चुप्पी की लड़ाई? मैं समझा नहीं, राधेलाल!

—चल बता, अगर में तेरे से नाराज हो जाऊँ और इस नाराजगी में बाई वन गेट टेन फ्री के इस्टाइल में दस गालियाँ भी दे दूँ, तो तू क्या करेगा?

—मैं बीस दूँगा। बिना तोले तीस भी दे दूँगा। तेरे जैसा गालियाँ खाने वाला हो तो गाली देने का मजा आई पैड का नया मॉडल प्राप्त होने जैसा सुख देता है।

आई पैड नामक 'जीव' का नाम सुनकर राधेलाल ऐसे ही कड़वा गया जैसे कोई साहित्यकार अन्य को मिलने वाले पुरस्कार की सूचना से कड़वाता है। कड़वे मुख से उसने कहा—तुझे अपने समय की उपमा देते शर्म आती है जो आई पैड की उपमा दे रहा है। लगता है तू हर मौसम में मिलने वाला खरबूजा हो गया है जो हर मौसम में रंग बदल सकता है। अच्छा बता आई पैड से उपमा-सा जैसा दुख तून मुझे दिया वैसा ही दुख में तुझे दे दूँ, में बहरा हो जाऊँ? बापू का कानबन्द और मुँहबन्द बन्दर हो जाऊँ? न तेरी सुनूँ और न तुझसे बात ही करूँ, तो?

—तो...तो...तोता। तो...तो में अपने तोते को मनाऊँगा, प्यार से समझाऊँगा। हे मिठ्ठु तू चाहे कितनी मिर्च खा और खाकर मिर्चवा, इबोला की बीमारी सह लूँगा पर तेरे अबोला होने का दर्द नहीं सह सकता। अपने बात न करें तो बहुत कष्ट होता है, तोतेराम!

—यही कष्ट मुझे आजकल हो रहा है।

—मैं समझा नहीं, राधेलाल!

—तू तो घरघुसरा है। मौनी बाबा है। तोल-तोल के बोलता है। कोउ नृप होइ हमें का हानि, वाला निस्पृह सन्त है। गाँधी बाबा का बन्दर है तू। तू तो राजनीति में भी नहीं है, फिर भी न जाने मौनी बाबा क्यों बना रहता है? मौनी प्रधानमन्त्री का युग बीत गया है। उठ जाग...

—तू जाग और देख तेरे सामने मैं विराजमान हूँ। तू मेरे भूत से बात नहीं कर रहा है। तेरे से इतना तो बतियाता हूँ...

—मुझसे ही न, पर अपने बच्चों...नयी पीढ़ी से...?

—क्या मिलेगा बोलकर? अपमान! अपनों तो मानना है कि एक चुप सौ सुख।

—इस चुप्पी में सुख नहीं है प्यारे! कोई दिखावे की इज्जत देता रहे पर बात

न करे? आपको मार्गदशक कहे पर मार्गदर्शन लेने के नाम पर चुप रहे? आपको महापुरुष कहे पर आपसे नपुंसकों-सा व्यवहार करे? बूढ़ी माँ की तरह आपको ड्राइंग रूम से हटाकर स्टोर में आपके बिछौना पर डाल दे और आवश्यकता पड़ने पर प्रदर्शन की वस्तु की तरह मेंहमानों के सामने पाँच-दस मिनट के लिए प्रदर्शित करे, चरणवंदना करवाए और फिर स्टोर की चुप्पी में कैद कर दे, तो? बहुत कष्ट होता है, प्यारे! यही कष्ट में भी भोग रहा हूँ अपनी सन्तानों से ही नहीं, अपनी सन्तानों जैसी पूरी नयी पीढ़ी से। यह चुप्पी हमें असामाजिक बना रही है, अमानवीय कर रही है। हम ऐसी दीवारें बनकर रह गये हैं जिनके कान नहीं होते।

—सब अपने में मस्त हैं, तू भी रह न? काहे को दूसरों के फटे में टाँग घुसेड़ता है। अपनों फटा सिलता नहीं और पाकिस्तान की तरह दूसरों के फटे में टाँग घुसेड़ता फिरता है। कितनी मस्त है अपने में हमारी नयी पीढ़ी, उसे मस्त रहने दे न? न काहू से दोस्ती, न काहू से बैर का फार्मूला चलने दे न।

—मस्त नहीं सीमित हैं। अपनी-अपनी दुनिया में सीमित होते जा रहे हैं। हमें समाज से नहीं अपने से मतलब रह गया है। अंग्रेजी में कहते हैं कि मेंन इज़ ए सोशल एनिमल। सोशल हटा दो तो मेंन एनिमल रह जाता है।' कोल्हू के बैल-सा ऐसा जानवर जो अपने दायरे में मस्त है। हमारी सारी की सारी नयी पीढ़ी कोल्हू का बैल बनती जा रही है। वो कैरियर, पैकेज, प्रॉजेक्ट आदि के दायरे में ही घूम रही है। उसे परिवार, घर, मोहल्ला, रिश्ते-नाते कुछ नहीं दिखाई देते, दिखाई देता है तो उनके लिए निर्मित एक सीमित दायरा। चले जा रहे हैं...चले जा रहे हैं।

—पर राधेलाल कई मेंन सोशल होते हुए भी किसी एनिमल से कम नहीं होते हैं। बल्कि ज्यादा खतरनाक जानवर होते हैं। छह बरस की बच्ची हो या सत्तर बरस की बुढ़िया इन्हें कोई फर्क नहीं पड़ता। कम से कम कोल्हू के बैल तो ऐसा नहीं करते। इन्हें मत कोस। ये अपनी मजबूरी में कोल्हू के बैल नहीं बने हैं, इन्हें हमने बनाया है। हमने ऐसी व्यवस्था दी है।

—हो सकता है तू ठीक कहता है। पर आँखों देखी मक्खी और विरोधी दल के अच्छे काम भी कभी निगले जाते हैं? अपने बच्चों को पराया होते, गूँगा-बहरा होते तो नहीं देख सकते। दिल दुखता है, यार!

जानता है पिछले दिनों क्या हुआ? मेरी भांजी की शादी थी। आजकल की जिन्दगी इतनी व्यस्त हो गयी है कि रिश्तेदारी में मिलना-जुलना मुश्किल हो गया है। सोचा, इसी बहाने से चचेरे-ममरे भाई-बहन एक-दूसरे से मिल लें। बच्चे तैयार हो गये जाने को। सब खुश भी थे कि कजन्स से मिलेंगे। उन कजन्स से जो

वाट्सऐप और फेसबुक पर मिलते हैं। मिलने से ज्यादा उनकी उत्सुकता एक-दूसरे का नया आई फोन, आई पैड या टेबलेट देखने की थी।

—राधेलाल, यह तो अच्छा है कि उनमें एक-दूसरे से मिलने की इच्छा है, वरना इन लोगों के पास समय कहाँ है एक-दूसरे से मिलने का?

—पर जानता है कैसे मिले एक-दूसरे से? मिलते ही एक-दूसरे से हाय शाय की और एक कमरे में घुस गये। मुझे अच्छा लगा कि सब एक साथ तो बैठे, कुछ तो बतियाएँगे। मैं अपने भाई-भाभी, बहन-बहनोई आदि से मिला। उनसे खूब गप्प-बाजी हुई। सबसे मिलकर बच्चों के कमरे की ओर गया। देखूँ कि क्या बतिया रहे हैं। देखा तो सब अपने-अपने स्मार्ट फोन या फिर टैब में व्यस्त हैं। सब के सर अपने-अपने गैजेट्स पर प्रणाम की मुद्रा में झुके हुए हैं। एक अजीब-सी खामोशी छाई हुई है। अँगुलियाँ चल रही हैं, जुबान खामोश है। कोई कुछ किसी से कहता भी है तो दूसरा अपनों वजनदार सर उठाता है, धीरे से मुस्करा कर 'या' कहता है और पुनः अपने 'खिलौने' की ओर प्रणाम की मुद्रा में झुक जाता है।

अपनी बात कोई नहीं कर रहा था। बस कोई बात थी तो वाट्सऐप में मिले चुटकुलों या फेसबुक पर मिले कमेंट की। वो पास बैठों से नहीं बतिया रहे थे अपितु दूर बैठों को मेंसेजवा रहे थे।

मैं गया और वापस आ गया और मेरी उपस्थिति का किसी को भान तक न हुआ, जैसे उनके समक्ष मेरी कोई औकात ही नहीं है। प्यारे आजकल की यह पीढ़ी, फेस टु फेस कम फेसबुक और वाट्सऐप पर अधिक मिलती है।

प्रेमी-प्रेमिका हों या पति-पत्नी, भरे भुवन में नैनन सो नहीं वाट्सऐप से बात करते हैं। उसी में नटते हैं, उसी में पटते हैं और उसी में लटकते हैं।

पति-पत्नी घर-दफ्तर में हो तो बतियाते नहीं हैं ई-मेंल या वाट्सऐप द्वारा मेंसेजवाते हैं। दफ्तरी काम में बहुत आसक्त हैं इसलिए कामदेव के बाणों का इनपर कोई असर नहीं होता। काम की अधिकता कामदेव के बाणों को बेअसर कर देती है। पत्नी दफ्तर से जल्दी पहुँचने के सौभाग्य को सराहते हुए पति को भी जल्दी आने का कामासक्त निमन्त्रण देती है पर महादेव कम्पनी की तीसरी आँख का मारा पति देर रात दफ्तरी काम में आसक्त रहता है और अगले दिन सुबह की फ्लाइट से जापान चल देता है। कामदेव भस्म हो जाते हैं।

और सबसे भयानक ये है कि युवा पीढ़ी आने वाली मासूम नन्हीं कलियों को भी अपनी तरह नशाखोर बना रही है।

मेरी चार साल की पोती के पास आई टच है। वह सारा दिन उससे चिपकी रहती है।

उस दिन शर्मा जी घर आ गये, तो मैंने पोती से कहा—बेटे दादू आये हैं, उनको नमस्ते करो। पर उसे तो उसके आई टच ने बहरा किया हुआ था। मैंने उसके हाथ से आई टच छीन लिया तो वो रोने लगी—दादू ने मेरा आई टच छीन लिया। मैंने कहा—दूँगा पर पहले दादू को नमस्ते कहो। उसने यान्त्रिक-सी नमस्ते की और बोली—अब दो मेरा आई टच।

इस बीच मेरी बहू आ गयी, और मेरी पोती से बोली—क्यों रो रही है तू?

पोती ने मेरी शिकायत की—दादू ने मेरा आई टच ले लिया। और दहाड़ मारकर रोने लगी।

मेरी हाई कमांड-सी बहू दहाड़ी तो नहीं, पर बिना मेरा पक्ष सुने मुझे कठघरे में खड़ा कर दिया—बाबू जी आप मुझे काम करने दोगे कि नहीं? क्यों रुला रहे हो इसे? आप मदद नहीं कर सकते तो भगवान के लिए...इसे खेलने दो। आपको चुपचाप खेलते बच्चे अच्छे नहीं लगते हैं क्या?

—बहू, ये खिलौना खतरनाक है।

—बाबू जी, जिस खिलौने के चलते अपनी बेटी को जितना चाहे खाना खिलाऊँ, आराम से खा लेती है, घंटों इससे चिपकी रहती है और मुझे डिस्टर्ब नहीं करती है। इसके लालच में मेरी हर बात मान लेती है। वो खिलौना खतरनाक कैसे हो सकता है। ...आज मेरा प्रेजेंटेशन है, मुझे ग्रेड मिलना है और अभी रसोई का काम पड़ा है...यह तो होता नहीं कि मदद कर दें, उल्टे... बहू बड़बड़ाती हुई अपने कर्मक्षेत्र की ओर चल दी एवं मेरी पोती अपने 'क्रीड़ांगन' में मस्त हो गयी।

मेरे सारे खिलौने उसके आई टच के सामने व्यर्थ हो गये हैं।

एक इयर फोन ने इनके कान ही नहीं जैसे सबकुछ बन्द कर दिया है। यह बापू के बन्दर हो गये हैं। कान कुछ सुनते नहीं हैं जब कान कुछ सुनते नहीं तो बोलें क्या? और जब सुनने और बोलने को कुछ नहीं तो देखें क्या?

—यह तो तू ठीक कह रहा है, राधेलाल! इस कानठूँसु के चलते में एक दिन पिटने से बच गया।

—अच्छा, तेरे जैसा अबोला भी पिटा? राधेलाल जोर-से हँसा पर जानता हूँ उतने ही जोर से दुखी भी हुआ होगा।

—अरे हाँ यार! एक दिन दिल्ली के कनॉट प्लेस चला गया। पिछले कुछ सालों से हर शहर का चेहरा ऐसा बदला है कि पहचान में ही नहीं आता। पुरानी गलियाँ जैसे खो गयी हैं। में भी कुछ भटक-सा गया। पास ही एक लड़की खड़ी थी। उससे मैंने दो-तीन बार रास्ता पूछा पर उसने कोई जवाब नहीं दिया। में प्यार से उसके कन्धे पर हाथ रखकर कुछ पूछता कि इससे पहले उसने तमक कर

मेरी ओर देखा, कानों में ठुँसे बटनों को निकला और तमतमाते हुए बोली—हाउ यू डेयर टु टच मी ओल्ड मेंन? मैंने माफी माँगने के अन्दाज में कहा—बेटी...तो उसने मेरी बात पूरी करने से पहले कहा—आई एम नॉट यूअर बेटी गो एंड माइंड यूअर बिजनेस। आई नो वट काइंड ऑफ यू ओल्ड मेंन आर—यह कहकर उसने कानों में बटन ठूँसे और अपनी दिशा चल दी। में दिग्भ्रमित ही रहा।

—शुक्र है तू पिटा नहीं, दिग्भ्रमित ही रहा। क्या मजे की बात है जिसके पास दिशा है वह दिग्भ्रमित है और जो दिशाहीन है वह दिशायुक्त है। देखा इन यन्त्रों ने हमें कैसा जानवर बना दिया है! हमारी आदमियत खत्म हो गयी है। मेरा बस चले तो में इन सबमें आग लगा दूँ।

—राधेलाल आग लगाने की जरूरत नहीं है, आग को काबू करने की जरूरत है। हमारी जिन्दगी को कितना सरल कर दिया है, इन्होंने। ये बुरे नहीं हैं, इनका प्रयोग बुरा है। यह तो माध्यम हैं। हमें इनका उपाय ढूँढ़ना होगा।

—शुरू हो गया तू अपनी मास्टरी पर। उपाय ढूँढ़ेगा तू, मौनी बाबा! इस नशे का कोई इलाज नहीं है। हम संवादहीन होते जा रहे हैं और इस कारण असंवेदनशील हो रहे हैं।

—पर तू करेगा क्या, ऐसे ही कुढ़ता रहेगा। नयी पीढ़ी को समझ, उनके समय को समझ। तूने तो अपनी जिन्दगी जी ली, उनको उनकी जिन्दगी अपने हिसाब से जीने दे।

राधेलाल ने मेरी ओर घूरकर देखा और जैसे आज की राजनीति में अनेक बुजुर्ग कुढ़ रहे हैं, वह भी कुढ़ता हुआ चला गया।

सुरक्षा कवच महाठगिनी हम जानी

वे पार्टी के कार्यकर्ता हैं, मुझे मार्ग में मिल गये। उन्हें जब भी मुझसे कुछ अपेक्षा होती है, मार्ग में मिल ही जाते हैं। मार्ग न हो तो भी मार्ग पैदा कर लेते हैं। मीरा विवशता में गाती है—'गली तो चारों बन्द हुई हैं।' पर ये विवश नहीं, विवश करते हैं। इनके पास चारों गलियों को खोलने की चाबी है, इनकी कोई गली बन्द नहीं होती। अपेक्षा न हो तो कन्नी काट लेते हैं, बन्द गली का आखिरी मकान हो जाते हैं।

वे हँसकर मिले। उनकी हँसी चेतावनी होती है कि बेटा हमारी हँसी पर मोहित हुए कि दुर्घटना घटी। इसे सन्तों ने फँसाऊ हँसी कहा है। बड़ी मारक एवं सम्मोहक हँसी होती है। आपने भी जीवन में कदम-कदम पर सामना किया होगा इसका। बड़े-बड़े पोस्टर, हीरो-हिरोइन या खिलाड़ियों के विज्ञापन—हँसी में आप भी फँसे होंगे जेब फटी होने के बावजूद क्रेडिट कार्ड से गैरजरूरी वस्तु खरीदी होगी।

हँस कर बोले—कुछ परेशान लग रहे हैं, हैं...हैं...हैं।

—नहीं तो। थोड़ी बहुत परेशानी तो लगी रहती है।

—देखा। हम पर संकटमोचक बजरंगबली की कृपा है। दूसरे की परेशानी ताड़ लेते हैं। अब जानिये कि आपकी सभी परेशानियाँ उड़न छू।

—वो कैसे?

उन्होंने पहले चारों ओर सावधानी से देखा, जिस सावधानी से पहला भ्रष्टाचारी रिश्वत लेता है या फिर आतंकवादी बम का थैला रखता है। थैले में से कुछ निकाला और इससे पहले में कुछ पूछता बोले—यह अभिमन्त्रित सुरक्षा कवच है। धारण करते ही सारे कष्ट उड़न छू होंगे।

—इस कवच की तो आपकी पार्टी को अधिक आवश्यकता है।

—अध्यक्ष जी को पहना दिया है।

—फिर भी पार्टी चार राज्यों में चुनाव हार गयी!

—उन्होंने ताँबे वाला पहना है, असर धीरे-धीरे होता है।

—देश भी तो अनेक संकटों से घिरा है, देश को ही पहना दें।

—मैं तो सोने का पहना दूँ पर रोकड़ा कौन देगा? बिना रोकड़े के फलता नहीं।

—कोई भी देशभक्त दे देगा। आजकल तो देशभक्ति की प्रतियोगिता चल रही है।

—देशभक्ति के नाम पर दूसरे की जान लेने वाले और अपनी मौखिक जान देने वाले बहुत हैं पर रोकड़ा देने वाला कोई नहीं है। रोकड़े के नाम पर सबकी टें बोल जाती है। लोग चाहते तो हैं कि देश में भगतसिंह तो पैदा हो, पर हो पड़ोसी के यहाँ।

—पिछले दिनों आपके बेटे की नौकरी चली गयी, उसे नहीं पहनाया था?

—पहनाया था, पर क्या करें, तुलसी बाबा ने कह दिया कि होई है वही जो राम रचि राखा। राम जी के सामने हनुमान जी की क्या चलेगी? अब उनका सुरक्षा कवच राम जी हो गये थे।

वे घोषित नास्तिक हैं। धर्म को अफीम समझते हैं। पर इस अफीम को चुपके-चुपके छिपकर खाते भी हैं। मन्दिर के द्वार पर मिल जायें तो स्थापत्य कला प्रेमी का कवच धारण कर लेते हैं, मन्दिर की मूर्ति का दर्शन भी इसी कला प्रेम के कारण करते हैं। और कभी माथा टेकते हुए, मुड़ा-तुड़ा नोट चढ़ाते मिल जायें तो वाइफ या बूढ़ी माँ सुरक्षा कवच बन जाती है। माँ का टूटा चश्मा महीनों ठीक नहीं कराते हैं पर प्रभु के सामने माथा टेकने के लिए माँ के आज्ञाकारी पुत्र का कवच पहन लेते हैं।

महानता भी एक कवच है। महान आदमी आदरणीय होता है। वह हाई कमांड हो जाता है। वह प्रभु हो जाता है। मेरे तो गिरधर गोपाल या फिर तुलसी मस्तक तब नवे जब धनुष बान हो साथ टाइप प्रभु। वह सत्य से परे हो जाता है। वह आलोचना से भी परे होता है। उसकी आलोचना होते ही दंगा होता है जिसे आन्दोलन कहते हैं।

उन्होंने महान साहित्यकार का कवच धारण किया हुआ है। महान साहित्यकार लोकार्पण पुरस्कार, अध्यक्षता आदि से निस्पृह दिखता है। वह इन गतिविधियों को टुच्चई मानता है। पर भक्तों का टुच्चा मन रखने के लिए टुच्चई भी करता है। आपको पुरस्कार मिल जाये और उसे न मिले, आप अध्यक्ष बने और वो न बनें, आपकी पुस्तक लोकार्पित हो और उसकी न हो तो उसका खून खून और आपका खून पानी हो जाता है। महानता टुच्चागिरी पर हाहाकार करती है—देखो साला अध्यक्षता के लिए मरा जा रहा है, देखो साला लोकार्पण के लिए मरा जा

रहा है। और जब स्वयं अध्यक्षता की कुर्सी में बैठते हैं तो प्रशंसकों का कवच पहन लेते है। 'मैंने बहुत कहा पर माने ही नहीं। बोले कि आपके बिना कार्यक्रम नहीं होगा।' उनको अध्यक्षता, लोकार्पण, पुरस्कार की हाजत बार-बार होती है पर रोके रहते हैं। लोकलाज से डरते हैं। महान आदमी में हाजत रोकने की अभूतपूर्व क्षमता होती है। आम आदमी तो कहीं भी खुले में बैठ जाता है। वे हाजत रोकते हैं तो कब्जिया जाते हैं। कब्ज उनके चेहरे की शोभा बढ़ाने लगती है। उनकी वाणी कब्जा जाती है। शुभचिन्तक घबरा जाते हैं। उनके सम्मान में गोष्ठी करवा देते हैं।

एक दिन वे स्टेशन पर दिख गये। में भी उन्हें दिख गया था पर वे मुझे अनदेखा कर रहे थे। मैंने पूछा—दिल्ली जा रहे हैं?

—हाँ भई, वो वाइफ के मामा हैं न, बहुत बीमार हैं। आप जानते ही हैं कि उन्हें कैंसर है। वाइफ का मन था कि उन्हें मिला जाये। वाइफ के गुरु जी आ रहे हैं। बोली हम नहीं जा पायेंगे आप ही हो आयें।

—आपकी किताब का भी तो लोकार्पण है। ग्वालियर में मिश्रा जी मिले थे, बता रहे थे।

उन्होंने महानता का सुरक्षा कवच ओढ़ा, शून्य की ओर निगाहें की और बोले—अच्छा! हमें पता नहीं, हम तो मामा जी को देखने जा रहे हैं। आप तो जानते ही हैं कि हम इन टुच्चे कामों में नहीं पड़ते।

—पर प्रोग्राम के तो कार्ड भी छपे हैं। आप से पूछा होगा।

उन्होंने बगलें झाँकीं तो ट्रेन आ गयी। उन्होंने ट्रेन का सुरक्षा कवच धारा, कब्ज-मुस्कान बिखेरी और मुझे निरुत्तर छोड़ बेदर्दी बाँह छुड़ा चल दिया।

शाम को बाजार में उनकी वाइफ मिल गयीं, सब्जी ले रही थीं। मैंने कहा—आपके मामाजी की तबीयत का पता चला।

—हाँ, भाई साहब! अमेरिका में उनका इलाज चल रहा है।

—आपके मामा जी अमेरिका में हैं!

—हाँ पिछले एक महीने से हैं। बेटा बहुत सेवा कर रहा है। क्रिटिकल है। मैंने कहा मिल आते हैं, तो ये बोले कोई सम्मान का चक्कर चल रहा है, जमा तो मामाजी से मिल आयेंगे।

इसके बाद उनकी वाइफ करेला खरीदने लगीं और में कद्दू। समझ गया कि वे अमेरिका सम्मान ग्रहण करने मामाजी का कवच धारण कर जायेंगे।

कभी मुँह में राम और बगल में छुरी हुआ करती थी, आजकल अपने-अपने राम हैं और अपनी-अपनी छुरियाँ हैं। कुछ का कवच दीनता होता है जिसके कारण

उन्हें बिन माँगे मोती मिल जाते हैं। वे हत्या भी करें तो कहा जाता है कि ये बेचारा क्या हत्या करेगा। कुछ का कवच अज्ञानता होता। ये अज्ञानी बड़े मासूम लगते हैं, हमें तो कुछ नहीं आता मन्त्र का निरन्तर जाप करते हैं, और आप सब कुछ आता के अहंकार में ऐसे डूबते हैं कि उनके सेवक बन जाते हैं। कुछ का कवच मीठी जुबान होता है जिसके कारण आपको शुगर हो जाती है। कबीर ने कहा था—माया महाठगिनी, और में कहता हूँ—कवच महाठगिनी हम जानी।

अब मैं होली नहीं खेलता

वह मेरे मोहल्ले में नया आया था पर मेरे लिए पुराना था। वह मोहल्ले के लिए 'वे' थे पर मेरे लिए वह था। वह मोहल्ले का नया-नया सम्माननीय निवासी था पर मेरा लँगोट से पहले का मित्र था। वह मेरे मोहल्ले में आने के लिए बहुत दिनों से तड़प रहा था और में तड़प रहा था कि वह न आये। वह आजकल बहुत अमीर हो गया है और मुझे भय था कि उस मूल्यवान के आते ही मोहल्ले में मेरा अवमूल्यन हो जायेगा। बचपन में उसके माता-पिता मेरा उदाहरण देकर उसे लज्जित करते कि कुछ पढ़-लिख ले वरना गँवार का गँवार रह जायेगा और आजकल मेरी पत्नी उसका उदाहरण देकर मुझे लज्जित करती है कि वह कहाँ का कहाँ पहुँच गया है और हम...। वह न तो पढ़-लिख कर नवाब बना है और न ही खेलकूद कर नवाब बना है। उसने कल के इस कथन को कि लिखोगे पढ़ोगे तो होगे नवाब...और आज के इस कथन को, खेलेगो कूदोगे तो बनोगे के नवाब, को भी झुठला दिया है। वह तो खरीद-फरोख्त का धन्धा करते हुए नवाब बना है। उसने सिद्ध किया है किं जैसे राजनीति जैसा व्यवसाय करने में पढ़ने-लिखने की आवश्यकता नहीं है वैसे ही धन कमाऊ धन्धा करने के लिए पढ़ाई-लिखाई की आवश्यकता नहीं है। आवश्यकता है तो बस जुगाड़ बुद्धि की। प्रोपर्टी के व्यवसाय में इसी जुगाड़ बुद्धि की आवश्यकता होती है।

इस जुगाड़ बुद्धि के पास जाने को, मेरी पत्नी किसी ताजा प्रेमी-सी, मुझ रूठी हुई प्रेमिका को, मना रही थी और में था कि उसकी बातों पर कान न देने की कसम खाए ऐसा बैठा था जैसे हमारी सरकार बढ़ती महँगाई और भ्रष्टाचार पर कान न देने की कसम खाए बैठी है। मेरी सरकार इतनी 'स्वच्छ' है कि उसके कानों में जूँ भी रेंगने से शर्माती है।

पत्नी ने कहा—तुम इत्ता क्यों घबरा रहे हो? तुम अपने अमीर दोस्त को होली के लिए न्योतने जा रहे हो, किसी अमीर बाप से उसकी बेटी का हाथ

माँगने नहीं जा रहे हो। वो तुम्हें खा नहीं जायेगा।

—खा जाये तो अच्छा है। एक बार में किस्सा खत्म हो जायेगा। पर वो तो मुझे जलील करेगा। हर अमीर, चाहे वो लड़की का बाप हो या फिर मित्र, खलनायक ही होता है।

—कृष्ण भी तो अमीर थे, राजा थे, उन्होंने तो अपने मित्र सुदामा को जलील नहीं किया, अपितु समाज में उसका सम्मान ही बढ़ाया।

—कृष्ण आरम्भ से सहस्रों कौड़ी के थे, ये दो कौड़ी से बीस कौड़ी का हुआ है। नया-नया अमीर बहुत खतरनाक होता है। मुझे नहीं जाना उस अकड़ू के यहाँ। अमीर होगा अपने घर। अमीरी की बू में जो व्यवहार गरीबों के साथ करते हैं, वैसा अपने कुत्ते के साथ भी नहीं करते। बहुत बू है उस प्रोपर्टी डीलर में पैसे की...

—अब पैसा होगा तो उसकी बू भी होगी। बदबू तो बिना पैसे वाले के पास होती है, पतिदेव। कीचड़ में कमल खिलता है और उस कमल के नीचे कीचड़ होता है। कीचड़ में, सूअर वास करते हैं, पतिदेव! कमल पर लक्ष्मी का वास होता है। सूअर को सभी दुत्कारते हैं और लक्ष्मी को...

—तुम चाहती हो कि मैं दुत्कारे जाने के लिए जाऊँ, सूअर बनूँ?

—होली पर कोई दुत्कारता नहीं है। इसपर तो छोटा-बड़ा सब समान हो जाते हैं। जिससे भी दुत्कारे जाने का भय हो उसके चरणों पर रंग डाल दो, हो सकता है वह गले लगा ले। होली पर तो गिले शिकवे दूर किये जाते हैं, गिलों को जन्म नहीं दिया जाता है। उठो निडर होकर जाओ...।

—उसके चरणों पर रंग डालूँ मैं? तुम मेरी पत्नी हो या उसकी...

—पत्नी में तुम्हारी ही हूँ। पैंतीस बरस से पत्नी हूँ तो अब और कुछ होने को नहीं रह गया है। तुम तो नॉन इशू को इशू बना रहे हो। तुम्हारे सब दोस्त उससे मिल आये हैं। हमारा फर्ज बनता है कि वो हमारे मोहल्ले में आया है तो उसे खाने पर बुलाएँ। होली एक अच्छा अवसर है।

—तुम नहीं जानतीं, पैसे ने उसे कितना घमंडी बना दिया है।

—तुम भी नहीं जानते हो कि अपने भाई-बहनों की तुलना में कितने अमीर हो गये हो? तुम क्या तुम्हारे जैसे सैकड़ो मास्टर कुछ ही वर्षों में करोड़पति हो गये हैं। सब के रंग-ढंग ही बदल गये हैं। पहले थर्ड एसी स्लीपर में जाते थे तो पूरे मोहल्ले में ढिंढोरा पीटते थे कि एसी कोच में गये। और आजकल तुम्हारे भाई-बहन थर्ड एसी में जाते हैं तो उनको सुनाकर कहते हो कि तुमसे ट्रेन में सफर किया नहीं जाता। तुम भी तो अनेक की तुलना में अमीर हो गये हो। क्या तुम खतरनाक हो गये?

सही सवाल किया था मेरी पत्नी ने और सही कहा था मेरे मोहल्ले में रहने वाले मास्टरों के बारे में। बस एक बात उसने गलत कही कि इस मोहल्ले में मास्टर रहते हैं। हम तो विश्वविद्यालय में पढ़ाते हैं और सम्मान से हमें प्रोफेसर कहा जाता है। मास्टर तो स्कूल में पढ़ाते हैं और हमसे बहुत कम तनख्वाह पाते हैं। मेरे मोहल्ले में...मेरा मोहल्ला? मेरा मोहल्ला इन दिनों भारत की राजधानी का एक सम्भ्रान्त, इज्जतदार पढ़े-लिखों का मोहल्ला है। वैसे तो आजकल दिल्ली ही चारों खाने 'सम्भ्रान्त' हुई जा रही है और उसने इसके लिए अपने अनेक गलियों-कूचों का बलिदान कर दिया है। ऐसी दिल्ली में ऐसा मूल्यवान मोहल्ला हो तो उसपर किसका दिल नहीं आयेगा। और फिर आपके पास पैसा आ जाये, कुछ भी खरीदने की ताकत आ जाये, तो अपनों सब पुराना कबाड़ लगने ही लगता है।

आज से पच्चीस वर्ष पूर्व इस इलाके में आने से लोग घबराते थे। खूब सारे खुले मैदान थे जिनका उषाकाल में लोटा पकड़े सदुपयोग किया जाता था। हम प्रोफेसरों की कोपरेटिव सोसायटी को मकान बनाने के लिए जब यहाँ जमीन मिली तो जिसने देखा उसके मुँह से निकला कि यहाँ कौन आयेगा सड़ने को। पर विवशता के कई नाम हैं परन्तु उसका काम एक ही है कि वो आपको मजबूर करती है। मर के भी चैन न पाया तो कहाँ जायेंगे की शैली में लगभग सभी यहाँ 'सड़ने' आ गये। उस समय चाहे मास्टर हो या प्रोफेसर, उसे तनख्वाह के नाम पर जीरा मिलता था और ट्यूशन ही एक सहारा थी। ऐसे में उसके लिए दिल्ली दूर थी और दूर हुई दिल्ली पास थी। सब मजबूरी में बसे। पर जैसे कुत्ते के दिन बदलते हैं वैसे ही उनके भी बदल गये। दिल्ली महँगी होती चली गयी। पच्चीस बरस पहले जिस प्लॉट के कुछ लाख दिये थे, उसके कई करोड़ हो गये। सारी जिन्दगी किलस-किलस कर जोड़ा गया प्रोविडेंट फंड, ऊँट के मुँह में जीरा था और जमीन के उस टुकड़े के कई टुकड़े किये गये तो वो हीरे की कीमत देने लगा। आज इस मोहल्ले में रहने वाला हर प्रोफेसर करोड़ों पति है। बिल्डर को प्लॉट थमाता है, अपने लिए एक फ्लोर और एक दो करोड़ ले रहा है। पढ़े-लिखों की कॉलोनी के कारण मोहल्ला अधिक मूल्यवान हो गया है।

ऐसे ही मूल्यवान मोहल्ले में मेरा आठवीं पास प्रोपर्टी डीलर मित्र, अपने बच्चों के भविष्य और समाज में अपनी साख बनाने के लिए आ गया था। उसने आते ही मोहल्ले के बड़े-बड़े प्रोफेसरों को दावत दी थी, उनकी पत्नियों को बहुमूल्य उपहार दिये थे। तब से पूरा मोहल्ला उसकी उदारता और मानवीय गुणों के गीत गा रहा था। जिन दिनों उसने दावत दी उन दिनों हम अपने बेटे के पास अमेरिका में थे। पत्नी को आते ही समाचार मिला तो उसने मुझे उस ओर वैसे ही धकेलना

आरम्भ कर दिया जैसे क्षात्र-धर्म के नाते क्षत्राणियाँ युद्ध के लिए धकेलती हैं।

कबीर ने कहा है–

माया, महा ठगनी हम जानी

केसव के कमला होई बैठी शिव के भवन भवानी

मेरे यहाँ वो माया मेरी पत्नी हुई बैठी थी और मुझे मेरे मायावी मित्र की ओर धकेल रही थी। इतिहास और पुराण गवाह हैं कि पत्नी की बात को भगवान, देवता आदि नहीं टाल सके तो मुझ कलयुगी मास्टर की क्या बिसात? मैंने बगल में चावलों की पोटली तो नहीं, प्लास्टिक की पन्नी में, पत्नी के हाथ के बने लड्डुओं की थैली दबाई और अपने कृष्ण को होली का न्योता देने चल दिया।

मेरे कृष्ण मुझसे गले नहीं मिले, बस सोफे में धँसे रहे। मुझ सुदामा के चरण धोने के लिए न तो पानी मँगवाया और न ही अपनी रुक्मणि को बुलाया। बुलाया तो एक सूटेड-बूटेड सेवक को और कहा–साहब के लिए ठंडा लाओ। मेरे कृष्ण के चेहरे पर कौस्तुभ मणि चमक रही थी। उसने मुझे एक बहुमूल्य सोफे पर दयापूर्वक बिठाया और मेरे बैठते ही बोला–यह सोफा, इस घर के लिए खास इटली से मँगाया था, पूरे दस लाख का है।

मैंने हैं...हैं किया और लँगोट से पहले की दोस्ती के दिनों का स्मरण करते हुए कहा–हाँ लड्डू सिंह (बचपन में हम उसे इसी नाम से पुकारते थे।) तो तू आ ही गया हमारे मोहल्ले में।

लड्डू सिंह सुनते उसका मुँह कड़वा गया जैसे किसी भ्रष्टाचारी को ईमानदारी की डबल डोस मिल गयी हो। उसने घिघियाते हुए कहा–यार, घर में नौकर-चाकर हैं, बच्चे हैं, किसी ने सुन लिया तो...

ऊँट पहाड़ के नीचे इतनी जल्दी आ जायेगा मुझे उम्मीद नहीं थी। मैंने उसकी इस नस को और दबाते हुए कहा–क्यों, तू तो मेरा लँगोट से पहले का यार है। साले रुपये-पैसे आ गये तो क्या, रहेगा तो हमारे लिए तू लड्डू सिंह ही।

उसी समय उसका सेवक ठंडा ले आया। लड्डू का स्वर फिर रोबियाया और उसने कहा–ठीक है, जब हम तुम्हें बुलाएँ तभी आना।

सेवक के जाते ही उसने ठंडे का गिलास स्वयं उठाया, मुझे थमाया और चुनाव के समय जैसे वोट माँगते नेता का स्वर होता है उसी स्वर में भिखियाते हुए कहा–यार, बचपन में तो सब नंगे घूमते हैं पर बड़े होने पर इज्जतदार कपड़े पहनते हैं कि नहीं। और बचपन में हमने कैसी मस्त किताबें पढ़ी हैं, अब तू कालेज में उन मस्त किताबों को थोड़े ही पढ़ाएगा। मैंने मोहल्ले में किसी को बताया कि बचपन में लौंडियों के स्कूल के चारों ओर...। उसने मेरी नस दबानी

आरम्भ कर दी थी जैसे सी बी आई का प्रयोग कर सत्ताधारी...। में समझ आ गया कि आजकल लक्ष्मी और सरस्वती का वैर नहीं रहा है। समस्त शिक्षा 'मन्दिर' व्यवसाय का केन्द्र बन ही गये हैं। इसके पास लक्ष्मी के साथ सरस्वती भी आ गयी है।

मैं जल्द मुद्दे पर आ गया—तेरी भाभी ने तुम सबको होली का न्योता दिया है।

—होली का न्योता? तुम सभ्य सुंस्कृत प्रोफेसर लोग, होली जैसा घटिया त्योहार खेलते हो?

—होली घटिया त्योहार है? साले बचपन में तू इस त्योहार का पूरे बरस इन्तजार करता था। यह तो प्यारे, रंगों का त्योहार है। इसमें छोटे-बड़े सब समान हो जाते हैं। हर कोई किसी को रंग लगाता है। किसी का चेहरा पहचाना नहीं जाता, अमीर-गरीब सब एक जैसे लगते हैं...

—अब तू होली पर मुझे निबन्ध मत सुना। मैंने पाँचवीं में बहुत रटा था। पर जीवन निबन्ध नहीं है। जिस त्योहार में मेरा ड्राइवर, मेरा नौकर और मैं एक जैसे भूत लगें, वो भी कोई सभ्य त्योहार होगा। जो सेवक रोज मुझे जूते पहनाता है वो मेरे चेहरे पर रंग लगाए...गोबर, कीचड़ आदि रंग होते हैं क्या? कीचड़ में तो सूअर ही लोट-लोट कर आनन्द लेते हैं। यह सभ्य लोगों का त्योहार नहीं है।

—सभ्य लोगों का त्योहार क्या है, हे ज्ञानी?

—दीवाली। कितना सुसंस्कृत त्योहार है। एक-दूसरे को अपनी हैसियत से उपहार दिये जाते हैं। सारे रुके काम लक्ष्मी की कृपा से बन जाते हैं। पता चलता है कि कौन किस को क्या और कितना दे रहा है। सारे सेवक हाथ जोड़े आपकी कृपा की प्रतीक्षा करते हैं...

—अब तू मुझे दीपावली पर निबन्ध मत सुना। मैं समझ गया मेरे गुरु...

—कि मैं अब होली क्यों नहीं मनाता।

—हाँ, मैं समझ गया कि जब से तू लक्ष्मीपति हुआ है होली क्यों नहीं मनाता।

यह कहकर मैं खाली हाथ, अपने घर, किसी चुनाव हारे नेता-सा वापस लौट आया।

बरसात ने दिल तोड़ दिया...

व्यंग्यकार को सम्पादक जी का फोन आया—हमारे लिए बरसात पर कुछ लिख दीजिए।

वैसे तो व्यंग्यकार कलम हाथ में गहे, कागद समक्ष रखे तैयार रहता है कि कब सम्पादक उससे अनुरोध करे और वह तत्काल कुछ भी लिख भेजे। पर व्यंग्यकार तो सन्न था। उसके लिए, बरसात पर कुछ लिख दीजिए जैसा अनुरोध ऐसा ही था जैसे किसी भ्रष्टाचारी से बिना सेवा शुल्क लिए काम करवाने का अनुरोध अथवा हमाम के नंगों से कपड़े पहनकर नहाने का अनुरोध। माना कि व्यंग्यकार तत्काल लिखने में माहिर होता है, रोजाना लिख सकता है पर बरसात जैसे ऐरे-गैरे विषय पर...? व्यंग्यकार तो देश की राजनीति पर 'गहरी' व्यंग्यात्मक टिप्पणियाँ कर सकता है, देश के सेवकों के कैरिकेचर खींच सकता है, टीवी चैनलों की तरह ब्रेकिंग न्यूज को पकड़ कर उसकी चीर फाड़ कर सकता है—बरसात जैसा विषय कोई आधुनिक है? बरसात पर या तो कवि कलम घिसते हैं या फिर फिल्मी गीतकार...व्यंग्यकार तो नये-नये ताजा विषयों पर अपनी कलम चलाता है, समाज को मार्ग दिखाता है। इतिहास गवाह है कि सम्पादकों ने भी होली, दिवाली जैसे विशेषांकों में व्यंग्यकार को लिखने के लिए कहा है, बरसात, प्रेम विशेषांक, सैक्स विशेषांक आदि पर नहीं।

इस कारण व्यंग्यकार ने सम्पादक को एक खुला पत्र लिखा। आप भी पढ़ें।

'प्रिय सम्पादक,

क्या आपको लगता नहीं है कि आप एक व्यंग्यकार के साथ नाइंसाफी कर रहे हैं। एक व्यंग्यकार से उम्मीद कर रहे हैं कि वह बरसात पर कुछ लिखे। बरसात पर तो कुछ नहीं, बहुत कुछ कहना अधिकांश कवियो/कवयित्रियों/फिल्मी गीतकारों का कॉपीराइट है। बरसात होते ही उनका मन मयूर नाचने लगता है। व्यंग्यकार के मन में तो चीता होता है जो शिकार देखते ही झपटता है। व्यंग्यकार

तो बरसात को देखकर सोचता है कि गड्ढों जैसी सड़कों पर पानी भर गया तो वह दफ्तर कैसे जायेगा। जो सड़क टूटी है उसके ठेके में किसने कितना खाया है। और फिर आपको उम्मीद ही करनी है तो मुम्बई के यज्ञ शर्मा जैसे व्यंग्यकारों से करें। दिल्ली में बरसात तो समाज में बची नैतिकता-सी होती है। मैं मुम्बईकर नहीं दिल्लीकर हूँ, दिल्ली जो भ्रष्टाचार, बलात्कार आदि का केन्द्र है। मैं तो नैतिकता, ईमानदारी जैसे सूखे के बारे में ही कुछ कह सकता है। में तो छह बरस की बच्ची हो या साठ बरस की बुढ़िया, उसके साथ हुए बलात्कार के बारे में कुछ कह सकता हूँ, जो बरसात की तरह बरसते हैं। बरसात का तो मौसम होता है, दिल्ली में भ्रष्टाचार, बलात्कार आदि का कोई मौसम नहीं होता, ये तो आम दिन की बात है। में तो आम आदमी का लेखक हूँ, आम दिन की बात ही कहूँगा इसलिए हे सम्पादक, मुझसे कोई उम्मीद न करें तो अच्छा। उम्मीद पर दुनिया जीती है तो उम्मीद के कारण मरती भी है। आपने उत्तराखंड की आपदा से लगता है कुछ नहीं सीखा। सीख जाते तो अनाप-शनाप उम्मीद नहीं करते।

अभी उस दिन झोंपड़पट्टी के पास से गुजरा तो यह सुनने को मिला—

हम तो समझे थे कि बरसात में बरसेगी शराब
आयी बरसात तो बरसात ने दिल तोड़ दिया।

अब भइए, झोंपड़पट्टी में बरसात को बुलाओगे तो दिल टूटेगा ही। शराब बरसानी है तो उसे किसी किंग...के यहाँ बुलाओ, किसी आई पी एल शाई पी एल में बुलाओ जहाँ शराब तो क्या शबाब भी खूब बरसता है। वहाँ बरसात दिल तोड़ती नहीं जोड़ती है। व्यंग्यकार से उम्मीद मत करो, वो तो लोगों के दिल तोड़ता है। टूटे दिल पर आँसू बहाना, विरहिणी के दुख का लोमहर्षक चित्रण करना व्यंग्यकार का काम नहीं। उसके पास तो स्तम्भ लिखने जैसे अनेक महत्त्वपूर्ण काम हैं।

इसलिए गलत उम्मीद न करें। अब आप उम्मीद करें कि हमाम में कपड़े पहनकर जायेंगे और शर्म नंगों को आयेगी तो गलत है। हमाम में तो कपड़े पहनने वाले को ही शर्म आती है। नंगे से खुदा भी डरता है और इसलिए खुदा हमाम में नहीं मिलता है। सरकार भी एक तरह का हमाम है जिसमें जाते ही अच्छे से अच्छा कपड़े पहनने वाला नंगपन दिखाने लगता है। यही कारण है कि जो भी सरकार बनती है, वह कपड़े उतार देती है। आप उम्मीद करते हैं कि इस पार्टी की सरकार ने घोटाले कर कर के कपड़े उतार दिये हैं और दूसरी आयेगी और वो ये नंगपन नहीं करेगी, तो आप गलत उम्मीद करते हैं।

हे सम्पादक मैं तो भवानीप्रसाद मिश्र से क्षमा याचना सहित कह सकता हूँ—

जी हाँ हुजूर मैं व्यंग्य लिखता हूँ/में तरह-तरह के व्यंग्य लिखता हूँ/पर बरसात पर व्यंग्य नहीं लिखता हूँ।

बरसात पर तो वे लिखते हैं/जो टर्र-टर्र करते हैं? कुएँ में रहते हैं/मैं तो न कुएँ का हूँ, न ही चुनाव का हूँ जो मौके पर ही टर्राऊँ/फिर अपनी टर्राहट भूल जाऊँ।

इसलिए हुजूर में बस व्यंग्य लिखता हूँ/में तरह-तरह के व्यंग्य लिखता हूँ।

बरसात प्रेमिका की तरह बरसे तो फुहार लाती है। पत्नी की तरह बार-बार बरसे तो बाढ़ लाती है।

मैं न तो प्रेमिका हूँ और न ही पत्नी।

हुजूर मैं तो बस व्यंग्य लिखता हूँ तरह-तरह के व्यंग्य लिखता हूँ।'

सम्पादक ने लौटती डाक से लिखा—

'हे प्रिय व्यंग्यकार, चुनाव पास आने को हैं, लगता है तुम भी 'आम आदमी' की बात करते-करते आम आदमी की तरह चुनाव लड़ने वाले हो। चुनाव के लिए पहला पाठ तुमने पढ़ ही लिया है। दोगली बातें करने लगे हो। कहते हो बरसात पर व्यंग्य नहीं लिखता और हमें ही बरसात पर व्यंग्य पेल गये।'

व्यंग्यकार ने लिखा—अब में क्या कहूँ? में तो इतना ही कह सकता हूँ मेरे सम्पादक—

आपको प्यार है कि मुझसे नहीं है मुझसे
जाने क्यों ऐसे सवालात ने दिल तोड़ दिया।

गान्धारी युग की उत्तर-कथा

मित्रो कहा जाता है कि महाभारत का मूल रूप उपलब्ध नहीं है। उसके अनेक रूप हैं। जिसके अनेक रूप हों उसे प्रामाणिक सिद्ध करना कठिन हो जाता है। जैसे ईश्वर के अनेक रूप हैं और उन्हें प्रामाणिक सिद्ध करना कठिन तो क्या असम्भव ही है। महाभारत का एक ऐसा ही रूप मुझे प्राप्त हुआ है। आप अपनी अज्ञानतावश कह सकते हैं कि यह स्वरूप सत्य नहीं है परन्तु में अपनी 'ज्ञानतावश' कहूँगा कि यही सही है। आप चाहें तो इस विषय पर संसद में चर्चा करवा लें, काम रोको प्रस्ताव पेश कर दें, ससंद ही भंग करवा दें अथवा अन्ना-आन्दोलन करवा दें। जनता पर कोई प्रभाव पड़ने वाला नहीं है। जनता मोमजामा हो गयी है। संसद में आपके इन समस्त प्रजातान्त्रिक 'अधिकारों' के सुप्रयोग के टीवी पर प्रसारण को देखकर भारतीय जनता निश्चित कर चुकी है कि ये प्रजातान्त्रिक नौटंकियाँ टरने वाली नहीं हैं। आप तो जानते ही हैं कि भ्रष्टाचार के सम्बन्ध में भी वह निश्चित कर चुकी है कि सूरज टरे चन्द्र टरे टरे न भ्रष्टाचन्द्र। आप तो प्रसन्न ही होंगे ये सब देखकर। आप तो चाहते ही हैं कि जनता मान ले कि आप और आपके सहोदर भ्रष्टाचार जी लाइलाज कोढ़ की बीमारी हैं जिससे जनता दूर ही रहे तो अच्छा है। जनता दूर रहे और आप इसके सामीप्य का सुख उठाते रहें।

खैर, मुझे महाभारत के एक संस्करण में निम्नलिखित प्रसंग मिला है। यह विषय शोधकर्ताओं के लिए शोध का, टीवी वालों के लिए जुगाली का और स्तम्भ लेखकों के लिए स्तम्भित लेखन का हो सकता है। आप से अनुरोध है कि जाकी रही भावना जैसी प्रभु मूरति देखी तिन तैसी के अनुसार इसका प्रयोग करें। इस कथा को सुनने से प्रजातन्त्र के प्रति अनावश्यक मोह गायब हो जाता है और स्वयं को कठपुतली होने का बोध होता है।

अथ गान्धारी युग कथा

धृतराष्ट्र उद्विग्न-से अपने कक्ष में संजय की प्रतीक्षा कर रहे थे। बहुत दिनों से वे देख रहे थे कि संजय उनके पास आने से बच रहे हैं। आ भी जाते हैं तो आँखों देखा हाल सुनाने से बचते हैं। संजय कभी हाल सुनाते भी हैं तो लगता है जैसे सम्पादित अंश सुना रहे हों। धृतराष्ट्र ने अनेक बार सोचा कि वे संजय को उसकी हरकतों के लिए सवाल करें, उसे डाँटें पर यह सोचकर रुक गये कि यदि संजय ने त्यागपत्र दे दिया तो...। तो, वे तो बिल्कुल अन्धे ही हो जायेंगे। आजकल के सेवकों में सहनशीलता रह कहाँ गयी है। अच्छे सेवक बड़ी कठिनाई से मिलते हैं। तनिक-सा क्रोध दिखाओ तो आँखें दिखाने लगते हैं और नौकरी छोड़ने की धमकी देते हैं। इनके दिमाग बहुत चढ़ गये हैं।

पर आज धृतराष्ट्र आज पूरे मूड में हैं कि वे संजय से सवाल अवश्य करेंगे। अगर सवालों से संजय रुष्ट हो गये तो महाराज उसे पुराने सम्बन्धों का वास्ता देकर, उसके गुणों की प्रशंसा कर, कुछ इनाम-इकराम आदि द्वारा मना लेंगे। संजय में अभी भी पुराने नैतिक मूल्य विद्यमान हैं और धृतराष्ट्र को उनके आधार पर सेवकों का भावनात्मक शोषण करना अच्छी तरह आता है। ऐसे में धृतराष्ट्र बेचारे-से, किसी निरीह प्राणी-से हो जाते हैं जिसपर किसी को भी दया आ जाये। उनका तो चेहरा है ही ऐसा जो दूसरे की दया और करुणा को निरन्तर अपनी ओर आकर्षित करता रहता है। और वाणी, वाणी ऐसी मद्धम कि सन्नाटे की आवाज को भी सुनने का दावा करने वालों को भी हियरिंग एड लगाकर सुननी पड़े।

ऐसे सर्वगुण सम्पन्न धृतराष्ट्र आज बेसब्री से संजय की प्रतीक्षा कर रहे हैं।

संजय को अनेक बुलावे आ चुके थे इसलिए वे भी आ रहे थे और निरन्तर इस बात का ध्यान भी रख रहे थे कि वे उनका हर कदम को सूँघने वाले कुत्तों से सावधान रहे।

संजय की पदचाप को धृतराष्ट्र बखूबी पहचानते थे। धृतराष्ट्र उन पदचापों को भी पहचानते थे जो लगती तो संजय जैसी थीं पर थीं नहीं और धृतराष्ट्र के कौन कहने पर मौन हो जाया करती थीं। आज भी संजय की असली पदचाप को धृतराष्ट्र ने सुना तो प्रसन्न हो गये। पदचाप के निकट आने पर धृतराष्ट्र ने कहा—आओ संजय, मेरे पास बैठो। आज मेरा मन बहुत उद्विग्न है, तुम तो मेरे बहुत ही पुराने और विश्वसनीय मित्र जैसे हो, मेरे पास बैठो।'

—नहीं महाराज, में अपने स्थान पर ही उचित हूँ।

—संजय, मुझे तुमसे कुछ गुप्त बात करनी है, प्रहरी से कहो कि द्वार बन्द कर दे और साँकल लगा दे।

—महाराज, मैंने आपको बताया ही था कि साँकलें तोड़ दी गयी हैं और द्वार बन्द नहीं होते हैं।

—अभी तक ठीक नहीं हुईं, तुमने किसी से कहा नहीं कि इस द्वार को ठीक...

—महाराज, ठीक तो वह होता है जो स्वयं बिगड़े पर जिसे दूसरे ने बिगाड़ा हो उसे...महाराज, मैंने रानी गान्धारी के कार्यालय में प्रार्थना-पत्र भिजवा दिया था।

—गान्धारी के कार्यालय में क्यों?

—आजकल समस्त आदेश वहीं से आते हैं। आप भी जिन आदेशों पर हस्ताक्षर करते हैं, वे भी वहीं से आते हैं। आपको सम्भवतः ज्ञात ही होगा महाराज।

धृतराष्ट्र के पास हूँ के अतिरिक्त कुछ कहने और विवशता में हाथ मलने के अतिरिक्त कोई चारा नहीं था। कुछ क्षण सहज होकर धृतराष्ट्र ने कहा—संजय यह तो कह कि इस समय मेरे प्रिय साले, शकुनि जी क्या कर रहे हैं?

संजय—क्षमा करें महाराज, उसका वर्णन में नहीं कर पाऊँगा।

धृतराष्ट्र—क्यों संजय, क्या तुम्हारी दिव्य दृष्टि में दोष आ गया है?

संजय—प्रभु मेरी दृष्टि तो वही है पर कुछ क्षेत्रों का वर्णन मेरे अधिकार क्षेत्र में नहीं रहा है।

धृतराष्ट्र—यानि कि कुछ क्षेत्रों की जानकारी मेरे अधिकार क्षेत्र में नहीं रही है। धृतराष्ट्र उद्विग्न हो गये।

धृतराष्ट्र बहुत दिनों से उद्विग्न ही हैं और आगे आने वाले दिनों में भी उनके उद्विग्न रहने की प्रबल सम्भावनाएँ हैं। मौसम की यही भविष्यवाणी है।

जब से युवराज दुर्योधन एंड पार्टी अत्यधिक सक्रिय हुई है एवं युद्ध अवश्यम्भावी हुआ है और महाराज के रूप में धृतराष्ट्र के दायित्व बढ़े हैं, या कहें कि सही मायने में वे 'महाराज' हुए हैं तब से उन्हें लगता है कि जैसे वे रसोई घर के महाराज होकर रह गये हैं। क्या पकना है, कैसे पकना है, कहाँ पकना है, क्यों नहीं पकना है आदि निर्णयों के वे मात्र पालनकर्ता हैं। उन्हें लगता है कि उनकी स्थिति त्रेता के पादुका-शासक भरत से भी बदतर हो गयी है। भरत चाहे पादुका शासक थे पर उनके पादुकादाता तो उनसे कोसों दूर अपनी ही परेशानियों में इतने घिरे थे कि उन्हें अयोध्या की ओर सर उठाकर देखने की भी फुरसत नहीं थी, पर यहाँ तो अब यह लगने लगा है कि हर क्षण न केवल उनके हर कार्य का निरीक्षण-परीक्षण किया जा रहा है अपितु उनकी असहायता की खिल्ली भी उड़ाई जा रही है। धृतराष्ट्र अपने अन्धत्व से उतने पीड़ित नहीं

हैं जितना अपनी खिल्ली उड़ाते बाणों से आहत होते हैं। उनकी विवशता ये है कि खिल्ली उड़ाने वालों को उत्तर देने के लिए वे 'महाराज' का पद भी नहीं छोड़ सकते हैं। पद तो तभी छोड़ पायेंगे जब सही समय आयेगा। धृतराष्ट्र सही समय की प्रतीक्षा कर रहे हैं। वे ये भी जानते हैं कि गान्धारी, शकुनि समेंत सभी उनके 'प्रिय' सही समय की प्रतीक्षा कर रहे हैं। और सही समय तब आयेगा जब युवराज दुर्योधन शासन सँभालेंगे।

धृतराष्ट्र इतने भी अन्धे नहीं हैं कि यह न जानें कि ये सब उनको ढाल बनाकर महाभारत का युद्ध लड़ना चाहते हैं जिससे जीतने पर दुर्योधन की जय-जयकार कर सकें और पराजित होने पर धृतराष्ट्र की घोर निन्दा कर सकें।

संजय ने कहा—महाराज दुर्योधन और शकुनि की व्यवस्था में में अशक्त हो गया हूँ। में जहाँ भी अपनी दिव्य दृष्टि को प्रेषित करता हूँ उसका मार्ग दृष्टि बाधक यन्त्र रोक लेते हैं। अनेक बार मुझे लगता है कि मेरी जैसी अनेक छायाएँ मेरे चारों ओर विचरण कर रही हैं। महाराज मैंने आपका और हस्तिनापुर का नमक खाया है और आपके प्रति प्रतिबद्ध हूँ परन्तु जैसे सशक्त पुत्र के समक्ष अशक्त पिता विवश होता है, नंगे के सामने ईश्वर भी विवश होता है, अनैतिकता के समक्ष नैतिकता विवश होती है, द्रौपदी चीर-हरण पर बुजुर्ग पीढ़ी विवश थी तथा धनवान के समक्ष न्याय विवश होता है वैसे ही में भी विवश हूँ।

गान्धारी के पास अनेक संजय थे जो विभिन्न क्षेत्रों के प्रभारी थे। संजय एक रनिवास का प्रभारी था जहाँ कुन्ती समेंत अनेक 'माताएँ' रहती थीं। संजय दो भीष्म के महल का प्रभारी था। संजय तीन 'महाराज' धृतराष्ट्र के मुख्य कक्ष का प्रभारी था। इसी प्रकार द्रोणाचार्य, कृपाचार्य, आदि महारथियों के विभिन्न क्रमांक के संजय प्रभारी तो थे ही अनेक कौरवों के भी प्रभारी भी थे। कहा जा सकता है कि जैसे एक प्रभु अनेक रूपों में अनेक स्थानों पर पाये जाते हैं वैसे ही संजय नामक ये जीव भी अनेक रूपों में पाया जाता था। जैसे प्रभु का चाहे अनेक रूप में अनेक होने के बावजूद कर्म एक ही होता है—दिव्य दृष्टि से धर्म की हानि को देखना और उसे रोकना, वैसा ही कुछ-कुछ अनेकरूपी संजय का भी कर्म और धर्म होता है।

धृतराष्ट्र जन्मान्ध थे, उन्होंने सृष्टि का एक ही रूप अपने अनुभव से जाना था—अन्धकारी रूप। शेष तो उन्होंने वही जाना था जो उन्हें जताया गया था। परन्तु गान्धारी ने तो जन्म से लेकर युवावस्था तक सृष्टि के हर रूप और रंग को देखा था। गान्धारी ने तो युवावस्था में बलात् अपनी आँखों में पट्टी बाँधकर स्वयं को दृष्टिबाधित किया था। युवावस्था में भविष्य के लिए बाधित दृष्टि बहुत

ही खतरनाक होती है। पट्टी के अन्दर अनेक स्वप्न होते हैं जिसे वे बाहर के विश्व में साकार करना चाहती है। गान्धारी को तो व्यवस्था ने विवश किया था पट्टी बाँधने को। पट्टी बँधी थी परन्तु वह दृष्टि को बाधा पहुँचाने में सक्षम नहीं थी। सामान्य मनुष्य की तो दो आँखें होती हैं परन्तु गान्धारी की अनेक संजयों के रूप में इन्द्र से भी अधिक आँखें थीं।

गान्धारी—युग तिहूँ लोक बखाना
गान्धारी का पर मर्म न जाना।

कबीरा, मैं क्यों भया उदास!

जो उ का दास होता है, वह उदास होता है और जो बिं का दास होता है, वह बिन्दास होता है। छोटे उ से उल्लू होता है पर बिं से क्या होता है मुझे पता नहीं। क्योंकि हम इतना ही पढ़े हैं।

मैं घर में उदास बैठा था। में घर में अकसर उदास ही बैठा रहता हूँ। मेरी उदासी को न्यूज चैनल में लड़ने वाले, जुगाली कर्ता, मुर्गे भी दूर नहीं कर पाते हैं। आप घर की चारदीवारी में कितना भी स्वयं को कैद कर लें उदासी किसी मजनूँ-सी सारी दीवारें तोड़ आपके पास पहुँच जाती है। पहले घर में उदास करने का दायित्व परिवार का, अखबार का अथवा खड़खड़ करते रेडियो का हुआ करता था। आजकल इस दायित्व को सँभालने वालों की जनसंख्या बढ़ गयी है। वैसे भी बाज़ार-युग है, बाई वन गेट वन फ्री का समय है, ऐसे में बेचारी उदासी ने क्या गुनाह किया है कि वह न बिके। आप कह सकते हैं कि उदास होने के साधनों की अस्सी परसेंट वाली सेल लगी हुई है। आप अखबार पढ़ें, टीवी देखें वाट्सऐप पर चैटियाएँ, मोबाइल पर मोबिलाएँ या फिर फेसबुक पर लुके छिपे हुए अपने 'दोस्तों' की पोस्ट पढ़ कुड़ियाएँ आपको उदासी माता के दर्शन हो ही जायेंगे। इन दिनों उदास होने के सुअवसर चारों ओर से बिन माँगे-मोती से या फिर कहें चुनाव में बिन माँगे आश्वासन-से, मिलते रहते हैं। उदासी के सुअवसर कभी महँगाई देती, कभी अपनों खून चूसने वाली सन्तान देती है, कभी देश का खून चूसने वाली सन्तानें देती हैं।

हर गलत चीज को देखकर यदि आप गुस्सा न पायें, कुढ़ते रहें, तो उदासी आपको अपनी गोद में बिठाकर लोरी गाने लगती है और आपका मन करता है कि कबूतर की तरह बिल्ली के अस्तित्व से आँखें मूँद ही ली जायें। दुनिया जाये भाड़ में अथवा अब कुछ नहीं हो सकता टाइप विचार की दूध की बोतल मुँह में लगाए आप अपनी समस्त इन्द्रियों को सुप्त कर लेते हैं।

मैं अपनी इन्द्रियों को सुप्त करना नहीं चाहता था इसलिए घर से बाहर निकल आया। सोचा कि दिल बहलेगा, कुछ हँसते गाते युवा चेहरे दिखेंगे, कुछ हुड़दंग मचाती जवानी दिखेगी। बाहर निकला तो हँसते-गाते युवा चेहरों के स्थान पर कानों में इयर-प्लग ठूँसे, मल्टीनेशनल्स के आदेश पर भागते तनाव युक्त चेहरे दिखे।

नारी गुस्से में सुन्दर लगती है, पर तनाव में कटखनी लगती है। ऐसी ही एक कटखनी सुन्दरी के कन्धे पर अपनी सहानुभूति का हाथ रखते हुए मैंने बुजुर्गिया अन्दाज में पूछा—क्या बात है बेटी, इतनी परेशान क्यों हो?

सुन्दरी आगबबूला हो गयी, ठूँसा इयर प्लग हटाया और फुँफकारते हुए बोली—हाउ यू डेयर टू टच मी...यू स्क्रांडल...ठरकी बूढ़े...माइंड यूअर बिजनेस...अदरवाइस आई विल कॉल द पुलिस...शुक्र है कि मुझ हिन्दी के लेखक को कामचलाऊ अंग्रेजी आती थी, वरना पुलिस के डंडे खाता और पिट जाता। पुलिसवाला मुझ हिन्दीवाले के प्रभाव में नहीं आता और अंग्रेजीदां सुन्दरी के प्रभाव में मुझे कुछ देर के लिए लॉकअप में तो डाल ही देता। अंग्रेजी वाले के असत्य के सामने हिन्दी वाले का सत्य निष्प्रभ एवं अप्रभावी होता है। कोई सुन्दरी किसी पुरुष को अंग्रेजी में अपराधी घोषित कर दे तो न्याय पहले पुरुष को लॉकअप में डालता है, तशरीफ पर डंडे रसीद करता है, फिर सफाई लेता है। सुन्दरी को अपराध सिद्ध नहीं करना होता, पुरुष को सिद्ध करना होता है कि वह अपराधी नहीं है। मैंने 'बचाव में ही सुरक्षा' नामक मन्त्र जपा, सुन्दरी को प्रणाम किया, सर झुकाए शर्मिन्दा हो चल दिया। हिन्दीवाला अपने ही घर में हर जगह पिटता है, सर झुकाता है और शर्मिन्दा होता है। भारत में यदि आपको अपनी इज्जत बचानी है, या तो आपको अंग्रेजी आती हो अथवा आपको गर्दन झुकानी आती हो।

मेरा एक तुच्छ-सा प्रश्न है। किसी प्राइमरी कक्षा में पूछे गये हिसाब के सवाल जैसा। एक ही न्यूज चैनल अथवा समाचार-पत्र के हिन्दी चैनल अथवा अखबार में तीन आदमी या औरतें जिस काम को करने का मुआवजा पाते हैं उसी काम को अंग्रेजी चैनल अथवा अखबार में करने वाला एक आदमी या औरत उससे अधिक तनख्वाह कैसे पाता है?

तो मित्रो मैंने अपनी इज्जत बचाई और आगे बढ़ गया। आगे बढ़ा तो अपने समय में सामाजिक एवं धार्मिक अपराधियों की सरेआम 'इज्जत' उतारने वाले कबीर मिल गये। कबीर तो पंचमेंल खिचड़ी भाषा वाले भद्र जनों की इज्जत उतराऊ थे और पंचमेंल में अंग्रेजी होती नहीं है तो भय कैसा! उनके कान में इयर प्लग नहीं था और मुझे उन्हें टच भी नहीं करना पड़ा, मेरे बिना टच किये बोले—जो करेंगे सो भरेंगे, तू क्यों भया उदास?

मैंने कहा—हे अनपढ़ कबीर यह तुम्हारा या मेरा समय नहीं है, यह तो बाजारवाद का समय है। यहाँ तो उदासी भी बिकती है। जो करता है वह नहीं भरता, जो नहीं करता वही भरता है। जो माल का उत्पादन करता है वह आत्महत्या करता है और जो मॉल में माल बेचता है वह भरता है। करने वाला खाली है और भरने वाला करता है।

—यह कैसी उलटबांसी है? कबीर चौंकियाए।

—आजकल उलटबांसी ही चलती है, कबीर जी! स्वामी बनाने वाला एक दिन का वोटर, सेवक है और पाँच वर्ष की सेवा के लिए नियुक्त किया गया सेवक स्वामी है। अन्नदाता किसान भूख के कारण आत्महत्या करता है और अपनी आत्मा की हत्या कर चुके भंडारक का सर कड़ाही में है। तुम्हारी तो झोंपड़ी गल कटियन के पास थी, और तुम निश्चिन्त थे कि जो करेंगे सो भरेंगे...पर यहाँ तो दूसरे के कीए की सजा अपराध न करने वाला, सजा पाता है। खून मालिक करता है और खून का इलज़ाम वफादार सेवक अपने ऊपर लेता है।

कबीर तुम्हारा समय अभिव्यक्ति की अधिक आजादी का था। कबीर तुम गुलाम भारत में आजाद थे और मैं आजाद भारत में गुलाम हूँ। तुम मुसलमानों से कह लेते थे—'कांकर पत्थर जोड़ के मस्जिद लई बनाय, ता चढ़ि मुल्ला बांग दे बहरा हुआ खुदाय' या फिर हिन्दुओं से कह लेते थे कि 'पाथर पूजे हरि मिले तो मैं पूजूँ पहाड़।' इस बात पर कोई दंगा नहीं होता था। तुम्हारा कत्ल नहीं हुआ। पर आज कहकर देखो, दंगा हो जायेगा, कत्ल हो जायेगा। समझे कबीर?

पर कबीर तो वहाँ नहीं थे। तो क्या मैं अपने अन्दर के कबीर से बात कर रहा था?

मन पंछी उड़ि उड़ि जाये

मेरी पत्नी ने प्यार से पुकारा—सुनो, पर मैंने सावधानी से अनसुना किया। आजकल तो जितनी सावधानी शत्रु की पुकार में बरतनी पड़ती है उतनी ही प्यार में। चुनाव में भी कितनी प्यारी-प्यारी ममतामयी, शहदीली पुकार सुनाई पड़ती हैं, जिसमें लुटकर भी आप होश में नहीं आते और पुनः लुटने को तैयार हो जाते हैं।

प्यार भरी पुकार प्रेमिका से पत्नी और दो-तीन बच्चों की माँ बन चुकी हो तो सावधानी अत्यावश्यक है। उसकी पहली पुकार को सुनकर भी न सुनना पति का अधिकार है। जो कान कभी प्रेमिका की आवाज सुनने को तरसते रहे हों, कुछ न कहने पर भी पूछते हों कि कुछ कहा क्या, अचानक ऊँचा सुनने लगते हैं और कभी-कभी बहरे भी हो जाते हैं। वैसे चुनाव के समय जनता भी तो प्रेमिका ही होती है और चुनाव निबटते ही कई बच्चों की भारतमाता।

पत्नी ने रसोई में दाल को छोंक लगाते हुए पूछा—क्या कर रह हो?

मैं मक्खियाँ मार रहा था पर मैंने कहा—बहुत बिजी हूँ। मैंने झूठ बोला। जिस प्रजातन्त्र की संसद, न्यायालय और दफ्तरों में थोक के भाव पर झूठ बोला जाता हो, उस देश की प्रजा को पत्नी से झूठ बोलने में कैसी शर्म!

वैसे मक्खी या मच्छर मारना भी बहुत बिजी वाला काम है। इसे आप टाल नहीं सकते हैं। आपका शत्रु उड़ सकता है, आप उड़ नहीं सकते हैं। वो घूं घूं कर सकता है, आप चूं भी नहीं कर सकते। वो निरन्तर आपको अपनी उपस्थिति की चेतावनी देता रहता है। आपको नपुंसक संघर्ष में उलझाए रहता है। आप का वार बार-बार खाली जाता है पर आप झूठी तालियाँ बजाते हैं। ध्यान दें तो आप पायेंगे कि आपके चारों ओर ऐसा बिजी होने वाले और बिजी करने वाले, संसद से लेकर सड़क, मीडिया से लेकर आभासित दुनिया तक, शोभायमान हैं।

—अपनों बिजीपन छोड़ो, में दो मिनट में खाली हो रही हूँ। पचास परसेंट

की सेल लगी है और कुछ पर तो बाई वन गेट थ्री फ्री की ऑफर है। जल्दी तैयार हो जाओ।

—पर मैं...एक आर्टिकल लिख रहा हूँ...

पत्नी ने दाल छौंक ली थी। उसने छौंक की कड़छी समेंत मेरी ओर प्रस्थान किया। मैंने आने वाले खतरे को भाँपा और मच्छर मारने के स्थान पर पेन कागज सँभाल कर लिखने की नौटंकी करने लगा, जैसे 'हिन्दी सप्ताह' या पुलिस सप्ताह के दौरान नौटंकी की जाती है। पत्नी ने कड़छी के बल पर अध्यादेश पारित करते हुए कहा—में में कुछ नहीं...ये कागज कल भी काले किये जा सकते हैं...सेल कल तक तुम्हारा इन्तजार नहीं करेगी। जिस दिन झोली भर कमाकर लाओगे में तुमसे नहीं कहूँगी। इतने कागज काले करते हो, कभी कुछ मिला है। पैसे देकर अपनी रद्दी छपवाते हो...लोकार्पण पर अलग लुटवाते हो।

यह फेसबुक पर अन्तरराष्ट्रीय ख्याति प्राप्त, एक लेखक के सम्मान पर घातक हमला था। लेखक हकलाया—देखो...देखो तुम मेरे लिखने को रद्दी नहीं कह सकतीं...

—यदि तुम साथ चलने को तैयार हो तो मैं अपने शब्द वापस ले लूँगी।'

लेखक के समक्ष यथार्थ मुँह बाए खड़ा था। उसने समझौते के लहजे में कहा—पर मुझे सेल की भीड़ पसन्द नहीं।

—मुझे भी भीड़ में धक्के खाने का शौक नहीं है। घर कैसे चलाती हूँ...मैं ही जानती हूँ...उठो तैयार हो जाओ, में भी हो रही हूँ। वैसे हे आम आदमी के लेखक आम आदमी की भीड़ से क्यों घबराते हो? वे हँसीं और बिना मेरा उत्तर सुने तैयार होने चल दीं।

पत्नी का मन-मक्खी सेल पर मँडरा रहा था।

सूरदास ने कहा है—

मेरो मन अनत कहाँ सुख पावे,
जैसे उड़ि जहाज को पंछी, पुनि जहाज पे आवे।

सूरदास का मन जहाज का पंछी था पत्नी का मन मक्खी है। सूरदास का मन फिरि फिरि उड़कर जहाज पर आता था पत्नी का सेल पर आता है। मेरा मन सेल पर सुख नहीं पाता है, अनत सुख पाता है। मैं सुख पाना चाहता हूँ पर सुख कोई 'वस्तु' है जो मॉल में मिल जाये या जिसकी सेल लगी हो पर पत्नी को तो मॉल में सुख मिल जाता है। मॉल मेरा अनत है। पत्नी का मक्खी मन फिरि फिरि उड़कर सेल पर आता है तो कुछ का मक्खी मन गन्दगी पर आता है। मन सूअर हो जाये तो फिरि-फिरि कीचड़ में लिपटकर कमल होने का भ्रम पालता

है। मन भँवरा हो जाये तो टिकिटार्थी हो फिरि-फिरि पार्टी कार्यालय में मँडराता है अथवा श्रीचरणों में दंडवत होता है। सूरदास की गोपिकाओं का मन एक था जो श्याम के साथ मथुरा चला गया था। आजकल तो श्याम दस-बीस हो गये हैं, मन भी दस-बीस करने पड़ते हैं। मन दस-बीस न हो तो राजनीति कैसे की जाये। एक पार्टी का श्याम ठुकरा दे तो दूसरी पार्टी के श्याम से मन लगाने के लिए भी तो मन दूसरा ही चाहिए। गोपिकाओं को कौन सा चुनाव लड़ना था।

राधेलाल एक सरकारी कर्मचारी है। वह ईमानदारी से काम करता है अतः मूर्ख कहलाता है। वह रिश्वत नहीं लेता इसलिए उसका तबादला होता रहता है। उसका मन भ्रष्ट दफ्तर से अनत सुख पाता है। उसका मन मथुरा में नहीं लगता है। कृष्ण के समय में मथुरा में ही काजर की कोठरी थी जहाँ से जो आता था कारा ही आता था। अब कोठरी कोठरियाँ हो गयी हैं, कोठरे हो गयी हैं। कारे लोगों का उत्पादन हो रहा है। कारे की माँग बढ़ रही है। काले धन ने श्वेत धन को पछाड़ दिया है। काले धन ने न्याय को भी पछाड़ दिया है।

सूरदास के भजन में मन जहाज का पंछी है तो बॉलीवुड की फिल्म में 'आस का पंछी'। हीरो गाता है—

दिल मेरा एक आस का पंछी/उड़ता है ऊँचे गगन में/ पहुँचेगा एक दिन कभी तो/ चाँद से उजली जमीं पे। मेरी सन्तान का मन आस का पंछी हो गया है।

इन दिनों सुख का बहुत गड़बड़झाला है। अपने-अपने सुख और अपने-अपने जहाज हो गये हैं। मेरा, मेरी पत्नी, मेरी सन्तान और मेरे मित्र राधेलाल का आकाश एक है पर मन-पंछी अलग-अलग हैं।

पंछी मौसम के अनुसार अपने-अपने जहाज बदलते रहते हैं।

इधर आकाश पर गिद्ध भी मँडराने लगे हैं। धरती पर कुछ खाद्य नहीं है पर फिर भी वे आकाश में मँडरा रहे हैं। वे अनत से आकर यहाँ मँडरा रहे हैं। गिद्धों की दृष्टि तीक्ष्ण जो होती है। गिद्धों के पास दूर दृष्टि भी आ गयी है। वे भविष्य देख रहे हैं। उनका मन सड़ी लाशों में सुख पाता है। वे मेरे आसपास मँडरा रहे हैं, बैठ रहे हैं। गिद्धों को मँडराते देख में भयभीत हो रहा हूँ। में बार-बार उन्हें उड़ाता हूँ और वह बार-बार उड़ने का अभिनय कर फिर वहीं आ बैठते हैं।

मुतिया मेरा नाम

कभी कबीर ने कहा था, कबीर कूता राम का, मुतिया मेरा नाम। कबीर राम के कूते इसलिए बने क्योंकि उन दिनों के राम सब में एक ही जीव मानते थे पर आजकल के राम चुनाव लड़वाने में ही व्यस्त हैं और चुनाव में सब जीव कैसे बराबर हो सकते हैं! कहते हैं कि हर कुत्ते के दिन बदलते हैं पर मैंने देखा है कि उन्हीं कुत्तों के दिन बदलते हैं जिनका कोई मालिक होता है वरना अधिकांश लावारिस कुत्ते जन्म भी कुत्ते का पाते हैं और मौत भी कुत्ते की पाते हैं। पर राधेलाल के दिन उल्टे बदले हैं। वे इंसान थे और उनके दिन बदले तो कुत्ता हो गये। जब तक नौकरी करते थे कम कमाई में भी शान से अपनी जिन्दगी जीते थे और बच्चों का लालन-पालन करते थे। अब नौकरी नहीं करते हैं और बच्चे उनका लालन-पालन कर रहे हैं इसलिए उनके जीवन से शान गायब हो गयी है बच्चों के टुकड़ों पर जी रहे हैं। फिर भी मन मार कर सन्तुष्ट हैं कि लावारिस जिन्दगी नहीं जी रहे हैं।

लावारिस, आदमी हो गया हो कुत्ता हो गया हो कार्यकर्ता हो गया हो अथवा पार्टी का बड़ा नेता हो गया हो, सब एक जैसी जिन्दगी ही जीते हैं। बहुत दुख होता है जब न तो कोई चैनल वाला चर्चा पर बुलाता है और न ही कोई अखबार, सुर्खी तो क्या गुमशुदा की तलाश-सी जगह देता है।

वह एक खालिस कुत्ता था इसलिए कुत्ते की मौत मरा था। बीच सड़क पर उसकी लाश पड़ी थी। सूखा हुआ खून बता रहा था उसकी 'हत्या' हुए काफी समय बीत चुका है। (माफ कीजिएगा मैंने कुत्ते की मौत को हत्या कहा। कुत्तों की भी क्या कभी हत्या होती है! कुत्ता या तो मालिक के लिए बलिदान करता है अथवा उसे पागल करार देकर कुत्ते की मौत मारा जाता है। कुत्ता स्वाभाविक मौत मरे यह मालिक की कृपा पर निर्भर करता है।)

सुबह का समय था और ताजी हवा के साथ मरे हुए जानवर की गन्ध

वातावरण को वैसे ही कनफ्यूज कर रही थी जैसे सफेदपोश के इत्र सुगन्धित वस्त्रों में छिपी सड़ाँध मारती बुरी आत्मा करती है अथवा ताजा सब्जियों की गन्ध में छिड़के मारक कीटनाशक की दुर्गन्ध।

कुत्ते को बहुत वफादार जानवर कहा जाता है और वफादार कुत्तों की मौत ही मरते हैं। वफादार को विश्वास होता है कि उसकी वफा की कद्र की जायेगी। परन्तु वफादार का विश्वास पल-पल टूटता है। कुत्ता इस विश्वास के साथ सड़क पार कर रहा था कि चलाने वाला आदमी है और उसमें आदमीयत होगी। पर कुत्ते का विश्वास टूट गया। कुत्ता क्या चीज है संसद से सड़क तक आदमी का विश्वास टूट रहा हैं। कुत्ते को विश्वास था कि कार वाला हर जीव में एक ही आत्मा मानने वाला होगा और उस जीव की रक्षा करते हुए उसे बचाएगा। पर कार वाला उसे क्यों बचाता? क्या वह कुत्ता कार वाले का वफादार था? वफादार होता तो कार में घूम रहा होता, सड़क पर नहीं। वफादार होना कुत्ते की प्रकृति हो सकती है पर स्वामी की नहीं। वफादार मूर्ख होता है पर उसका स्वामी मूर्ख नहीं होता है। वफादार की तो एक ही दृष्टि होती है—स्वामीभक्ति। पर बेचारे स्वामी को तो स्वामी बने रहने के लिए अनेक दृष्टियाँ रखनी पड़ती हैं। न जाने कब कौन वफादार पागल हो जाये और काट खाये। अपने वफादार को दूसरे का वफादार बनने से बचाने के लिए और दूसरे के वफादार को अपनों बनाने के लिए आगे-पीछे, दायें-बायें, सब ओर दृष्टि रखनी पड़ती है।

लीजिए बात हो रही थी सड़ाँध मारते कुत्ते की और बीच में आ गयी वफादारी। वैसे वफादारी भी तो सड़ाँध मारती है। सुबह-सुबह का समय हो और ताजी हवा के लिए आदमी सैर को निकले और सूँघने को मिले मरे कुत्ते की सड़ाँध मारती हवा, हे राम! बच्चे टिफिन में पित्जा या बर्गर लिए स्कूल जा रहे हों और उनका एग्जाम हो, ऐसे में सूँघने को मिले मरे कुत्ते की सड़ाँध मारती हवा, हे राम! प्रभु आप धर्म की हानि होने पर अवतरित होते हैं कभी पर्यावरण की हानि पर भी अवतरित हो लें। बापू ने भी सड़ाँध मारती विचारधारा से निकली तीन गोलियाँ खाकर हे राम ही कहा था। प्रभु तब भी अवतरित नहीं हुए।

तो वह कुत्ता था, मर गया था और सड़ाँध मार रहा था। आसपास से निकलने वालों पर जुगुप्सा का भाव था पर किसी के चेहरे पर यह भाव नहीं था कि कुत्ते की लाश का क्रियाकर्म किया जाये। अपने प्यारे राजदुलारे कुत्ते के साथ घूमने आये कुत्ताधारियों के चेहरे पर भी यह भाव नहीं था कि कुत्ते की लाश का क्रियाकर्म किया जाये। बदबू से सब परेशान थे। वे इसलिए परेशान नहीं थे कि सब में एक ही जीव होने वाले की सड़कछाप मौत हुई थी अपितु इसलिए

परेशान थे मौत सड़ाँध मार रही थी। वे इसलिए परेशान थे कि न जाने लाश कब तक सड़ाँध मारती रहे। शाम तक लाश न उठी तो सड़ाँध सड़क से घर तक आ जायेगी। घर के अन्दर तो मरे (जिन्दे भी) बाप की सड़ाँध बर्दाश्त नहीं होती... ये तो साला कुत्ता है। आज रविवार है, म्यूनिसपैलिटी वाले और दिन काम नहीं करते तो आज क्या करेंगे। मूल प्रश्न यह था कि लाश कब उठेगी, यह नहीं कि असहाय, निरीह, विपन्न कुत्ता, लाश कैसे बना। आदमी की लाश होती तो कपड़े से ढक दी गयी होती, पर लावारिस कुत्ते की लाश ! लावारिस कुत्ते और लावारिस आदमी की लाश में भी अन्तर होता है। आदमी की लावारिस लाश को पुलिस उठवाती है और लावारिस कुत्ते की लाश को म्यूनिसपैलिटी उठवाती है। लावारिस आदमी, गरीब आदमी, अमीर आदमी और वीआईपी की लाश में भी अन्तर होता है और अनेक बार यह अन्तर बहुत बड़ा होता है। गरीब आदमी की लाश के लिए कफन का इन्तजाम करना होता है, श्मशान या कब्रगाह में जाना होता है पर वीआईपी की लाश जहाँ जलाई जाती है/ दफनाई जाती है वहीं श्मशान होता है, कब्रगाह होती है। ये श्मशान या कब्रगाह ऐसे डरावने नहीं होते कि रात को जाते डर लगे बल्कि दर्शनीय होते हैं। ऐसे लोग सदा के लिए दर्शनीय और पूजनीय हो जाते हैं, आम आदमी की तरह नहीं होते हैं जो केवल चुनाव के समय ही दर्शनीय एवं पूजनीय होता है।

कुछ लोगों का शरीर सड़ने के बाद सड़ाँध मारता है और कुछ की मरी हुई आत्मा सड़ाँध मारती है। (वैसे हमें बताया गया है कि आत्मा को अस्त्र काट नहीं सकता, जल गला नहीं सकता, हवा उड़ा नहीं सकती, अग्नि जला नहीं सकती। पर सम्भवतः ये अच्छी आत्मा के बारे में कहा गया है।) जो आत्मा राजनीति में लावारिस छोड़ दी जाती है, सड़ाँध मारती है। बेचारी अच्छी आत्मा चुनाव में अपनों धन लगाकर जीतकर आयी और आपने उसे अनुपयोगी आत्मा समझ कोने में लावारिस-सा पटक दिया। आपने उसे कुत्ता बना दिया। और कुत्ता भी गली का। वह आत्मा तो मन्त्री-पद पर विराजमान हो देशसेवा के उच्च्य विचार लेकर आयी थी और आपने उसे लाश बना दिया। आपने आत्मा को सड़ा दिया, ऐसी सड़ी आत्मा सड़ाँध तो मारेगी ही। संसार का नियम है कि चाहे सड़ा आदमी हो, सड़ा कुत्ता हो, सड़े सम्बन्ध हों, सड़ा नेता हो, सड़ी विचारधारा हो, सड़ी रचना हो, सड़ा रचनाकार हो—सड़ाँध मारते ही हैं। लावारिस कुत्ता हो या फिर लावारिस आदमी, मरने के बाद सड़ाँध मारते ही हैं।

आपका नाम चाहे मुतिया हो पर जरूरी नहीं कि आपके राम भी हों।

ढपोरशंख

मित्रो, यदि में कहूँ—चारों ओर वसन्त भ्रष्टाचार-सा छाया हुआ है, ललनाएँ किसी सेल को लूट लेने के बाद अलसाई-सी चाल संग ठुमुक-ठुमुक चल रही हैं, फूल किसी लेखक को अनपेक्षित पुरस्कार मिलने की खुशी सम फूले-से चहुँओर खिले हुए हैं, बॉस रूपी काली कोयल गोरी सेक्रेटरी के कानों में माधुर्य में सी कूक रही है आदि आदि, तो आप कहेंगे कि हे व्यंग्यकार तू मंचीय कवि-सा पगला हो गया है क्या? हे धृतराष्ट्र! तू देख नहीं सकता, पर ओड़िसा में आसमान से शोले बरसाते सूर्य द्वारा कहर ढाने वाली तपन को तो महसूस कर सकता है, लातूर में हाहाकार करते प्यासों का आर्त्तनाद तो सुन सकता है, और संजय की सहायता ले प्यासी गगरी ढोए सूखे होंठों वाली ललनाओं के 'सौन्दर्य' का वर्णन तो सुन सकता है। तू यदि आई पी एल का मोह छोड़े तो संजय तूझे सूखे कुओं, पथरीले तालाबों और बदबूदार पानी का आँखों देखा हाल सुना सकता है।

मित्रो आपकी चिन्ता सर माथे। पर में प्रकृति में छाए वसन्त की बात नहीं कर रहा हूँ। सूखा तो केवल मराठवाड़ा में है पर में तो अपनों दृष्टिकोण व्यापक कर असम, बंगाल, तमिलनाडु, केरल आदि में छाए चुनावी वसन्त की बात कर रहा हूँ। इस समय देश में चुनाव का वसन्त छाया हुआ है और उत्तर प्रदेश में छाने वाला है। धन्य है हमारे देश का प्रजातन्त्र जो कभी पतझड़ नहीं आने देता और न ही सूखा पड़ने देता है। हम इसलिए ही तो विश्व के सबसे बड़े लोकतन्त्र हैं। हमारे किस पड़ोसी देश में इतनी ताकत है कि वह चुनाव के वसन्त को सदा छवाता रहे। विश्व की महाशक्ति अमेरिका एवं यूरोपीय देश तक इस मामले में हमसे पिछड़े हुए हैं।

तो देख, चुनावी राज्यों में छाया वसन्त देख। रिजर्व बैंक के गवर्नर तक मानते हैं कि इस काल में लक्ष्मी माता किसी निरंकुश हथिनी-सी गमन करती है। उस लाऊडस्पीकर को देख और उसमें से निकलने वाली कोयल की कूक को

सुन। आश्वासनों की कोयल कानों में कैसे मधुर रस घोल रही है। लाऊडस्पीकर मतदाता की झोलियाँ भर रहा है—तुझे विकास चाहिए, यह ले...तुझे देशभक्ति चाहिए, यह ले...तुझे राम चाहिए, यह ले...तुझे गाँधी/आम्बेडकर/ गुरु जी चाहिए, यह ले...तुझे अच्छे दिन चाहिए, यह ले...तुझे अपने बैंक खाते में पन्द्रह हजार चाहिए, यह ले...हे किसान/मजदूर तुझे गरीबी मिटानी है, यह ले...। आभासित वसन्त छाया हुआ है, कोयल आम के आभासित पेड़ पर बैठी कूक रही है।

चुनाव के वसन्त में कूकती कोयल की कूक को सुनकर मुझे अपनी माँ द्वारा सुनाई कहानी याद आती है।

एक गरीब किसान था। (चाहे मेरी माँ का युग हो चाहे मेरी दादी का रहा हो, हर युग में किसान और मजदूर गरीब हो होते हैं।) अपनी और परिवार की गरीबी से परेशान हो चुका था। उससे गरीबी का सत्य नहीं देखा जा रहा था। महात्मा बुद्ध ने जीवन के सत्य की खोज में महलों और परिवार का सुख त्याग महानिष्भिक्रमण किया था, किसान ने गरीबी के सत्य से बचने के लिए किया। उन दिनों जंगल बहुत हुआ करते थे जैसे आजकल कंक्रीट के जंगल बहुत हैं। गाँव छोड़ो और जंगल शुरू हो जाता था। ऐसे ही किसान का जंगल शुरू हुआ। उसने अपनी गरीबी के लिए भगवान को कोसना आरम्भ कर दिया। किसान सेठ साहूकार को तो कोस नहीं सकता था क्योंकि वह जानता था कि भगवान तो एक बार सुन भी लेगा सेठ-साहूकार तो बहरा होता है।

किसान ने प्रभु को चुनौती दी—तुम तो केवल अमीरों के ईश्वर हो। मुझे तुमने भूख और गरीबी के अलावा और दिया क्या है। नेता तो कम से कम आश्वासन तो दे देता है, तुमने तो वो भी कभी नहीं दिया।

रेलवे की तत्काल सुविधा-सी आवाज आयी (आप तो जानते होंगे कि रेलवे की तत्काल सुविधा किसी क्रेडिट कार्ड-सी लुभाऊ, भ्रामक एवं शोषक होती है) —बता तुझे क्या चाहिए?

किसान का मन मयूर, सरकार की मनरेगा जैसी योजना की घोषणा सुन, नाच उठा। उसे विश्वास था कि भगवान इस गरीब के लिए, भारतीय न्याय व्यवस्था की तरह तारीख पर तारीख डालेंगे। पर यहाँ तो किसी धनवान को मिलने वाले न्याय-सी कृपा हो गयी।

—आप कहाँ हैं, प्रभु!

—मैं तेरे सामने तेरे कदमों में पड़ा हूँ, पर में प्रभु नहीं, प्रभु की कृपा हूँ।

किसान देखा उसके कदमों पर एक शंख पड़ा था। किसान ने उसे हाथों में उठा लिये। उल्टा-पलटा और बोला—तुम मेरी इच्छा पूरी करोगे?

—हाँ।

—अच्छा, तो मुझे भूख लगी है।

—तो पूरी लो, हलवा लो, छप्पन भोग लो।

किसान प्रसन्न मुद्रा में अपनी झोली फैलाए खड़ा हो गया। इन्तजार का वही फल मीठा होता है जो तत्काल मिल जाये वरना एक-एक पल काटना दूभर होता है। अनेक पल बीते पर कुछ नहीं आया। किसान ने कहा—हलवा पूरी छप्पन भोग, दो भई।

शंख फिर बोला—पूरी लो, हलवा लो, छप्पन भोग लो

—तो देते क्यों नहीं?

—मैं ढपोरशंख हूँ। तुमने प्रभु से शिकायत की थी कि वे आश्वासन तक नहीं देते। में ढपारेशंख हूँ, आश्वासन देता हूँ।

तो मित्रो, ऐसे ढपोरशंखों की कोयल ही चुनाव में वसन्त लाती है।

एक समय था उनके घर से राम धुन की ध्वनि आती थी आजकल देशभक्ति की आती है। इस धुन में देश के लिए जान देने से लेकर जान लेने तक का संगीत सुनाई देता है। में देश में पड़ते सूखे के कारण दुखी था। मुझे लगा सूखे से निपटने के लिए यह देशभक्त अवश्य मेरी सहायता करेगा। उनके घर गया तो देखा दो देशभक्त बैठे देशभक्ति पर बहस कर रहे थे। तेरी देशभक्ति मेरी देशभक्ति से सफेद कैसे की प्रतियोगिता चल रही है। दोनों रात को न्यूज चैनल पर देशभक्ति के परोसे गये चारे की जुगाली कर रहे थे। एक ओर उत्तरी ध्रुव था तो दूसरी ओर दक्षिणी—दोनों में देशभक्ति की रस्साकशी जारी थी।

मैंने करबद्ध कहा—हे देशभक्तो, लातूर में भयंकर सूखा पड़ा है। मेरे साथ चलो और सहायता करो।

दोनों बोले—हाँ हाँ, टैंकर लो...नदी लो...तालाब लो...

इस बीच गृहस्वामिनी ने रसोई से पुकारा—सुबह से पानी नहीं आया है... इन्तजाम करो।

और ढपोरशंख गृहस्वामी पानी का इन्तजाम करने के लिए मिनरल वॉटर खरीदने चल देते हैं। उनके संकट के सामने मेरा संकट तुच्छ हो जाता है।

अब आपसे और क्या कहूँ। आप तो ज्ञानी-ध्यानी हैं। आपके ढपोरशंखी मित्र और सम्बन्धी होंगे। ऐसे ढपोरशंखी एक खरीदो और पाँच पाओ की शैली में मिलते हैं। आपके लिए अपनी महान जान तक देने वाले मित्र, आप पर तुच्छ धन का संकट आते ही ढपोरशंखी हो जाते हैं। इस यन्त्र को आप भी सदा साथ रखें, सामाजिकता निभाने के लिए ढपोरशंख बहुत काम आता है।

लक्ष्मी, कहाँ कैद है!

प्रभु क्षीर सागर में लेटे हैं। प्रभु क्षीर सागर में ही लेटते हैं और भक्त खारे सागर की चौरासी लाख योनियों में भटकते हैं।

प्रभु तन्द्रालीन हैं। अकसर प्रभु तन्द्रालीन ही होते हैं। प्रभु ध्यानस्थ भी होते हैं। वे जब चाहें ध्यान में चले जाते हैं और जब चाहें उससे बाहर आ जाते हैं। साँसारिक साँसद भी ऐसा करते हैं। पर अज्ञानी भक्त उनके तन्द्रालीन होने और ध्यानस्थ होने का भेद नहीं जान पाता है। प्रभु आवश्यकतानुसार तन्द्रा से बाहर आ जाते हैं। प्रभु तन्द्रालीन होते समय भी विश्व की गतिविधियों का न केवल ज्ञान रखते हैं अपितु आवश्यकता पड़ने पर अवतार भी लेते हैं।

प्रभु को अनुभूति हुई कि उनके चरण-कमल में लक्ष्मी जी विद्यमान नहीं हैं। भक्त जानते होंगे कि लक्ष्मी को श्री भी कहते हैं। श्रीविहीन होते ही प्रभु का ध्यान भंग हो जाता है।

प्रभु ने मुदित नेत्र खोले, सामने नारद जी विद्यमान थे। प्रभु के चरणों में अथवा उनके समक्ष कोई न कोई भक्त सदैव विद्यमान रहता है। ऐसा 'संविधान' है कि प्रभु को उनके भक्त अकेला न छोड़ें। सेवा को कोई न कोई सेवक तत्पर विद्यमान रहना चाहिए। सेवक का अर्थ ही है सेवा करने वाला और प्रभु का अर्थ ही होता है सेवा करवाने वाला। जो सेवक अपने सेवा धर्म की हानि करता है प्रभु उससे रुष्ट हो उसे श्राप दे देते हैं तथा उसकी कोई रक्षा नहीं कर पाता। और जो सेवा धर्म का पालन करता है, उसे वरदान मिलता है और प्रभु उसकी रक्षा करते हैं। प्रभु उसे दरिद्र सुदामा से धनवान सुदामा बना देते हैं। प्रभु उसे पुरस्कार सम्मान दिलाते हैं। प्रभु उसे पदोन्नति देते हैं। प्रभु मन्त्रीपद भी देते हैं। प्रभु ऐसे सेवकों के, जो प्रभु के लिए जान पर खेल जाते हैं, सोने-चाँदी से उसका मुँह भर देते हैं। मुँह बन्द होते ही सेवक न्याय-अन्याय से आँखें मूँद लेता है।

नारद ने नारायण! नारायण! का जाप किया और प्रभु मुस्कराए। प्रभु मन्द-मन्द

मुस्कराए। प्रभु मन्द-मन्द ही मुस्काते हैं। वे कोई साँसारिक नेता थोड़े ही हैं जो वोट के लिए अट्टहास करें। वे कोई बाबा भी नहीं हैं जो अपनों उत्पाद बेचने के लिए चौड़ी मुस्कान के साथ प्रदर्शन करें। प्रभु तो केवल मन्द-मन्द मुस्काते हैं और शेष कार्य उनके भक्त करते हैं। प्रभु के लिए कहाँ मन्दिर-मस्जिद-गुरुद्वारा बनवाना ठीक होगा, कहाँ गिराना ठीक होगा। कब प्रभु सोएँगे, कब प्रभु छप्पन भोग का भोग लगाएँगे। आदि आदि अनादि।

प्रभु अन्तर्यामी होते हैं, फिर भी उन्होंने नारद के समक्ष जिज्ञासा प्रकट की–लक्ष्मी जी दिखाई नहीं दे रहीं?

नारद उवाच–प्रभु आप तो अन्तर्यामी हैं, सब जानते हैं। आजकल माता को तनिक भी समय मिलता है, वे धरती पर चली जाती हैं। उनके भक्तों ने उन्हें बहुत व्यस्त किया हुआ है। भारतभूमि में उनका कार्यक्षेत्र बढ़ गया है। पहले वे पुलिस थानों, सरकारी दफ्तरों आदि में ही व्यस्त रहती थीं, आजकल न्यायालयों आदि में भी व्यस्त रहने लगी हैं। वैसे प्रभु आप अन्तर्यामी हैं।

प्रभु मुस्कराए–आज किस भक्त की तिजोरी में कैद होने गयी हैं?

नारद जी नहीं मुस्कराए, सर झुकाकर बोले–प्रभु माँ आजकल कैद नहीं होती हैं, कैद करती हैं। वैसे प्रभु आप तो अन्तर्यामी हैं।

–नारद! मेरे भक्त कबीर की तरह तुम भी उलटबांसी का प्रयोग करने लगे। वो स्वयं को राम की कुतिया कहता था और अपनों नाम मुतिया बताता था। पर मुझे माया से ठगा हुआ बताता था। लक्ष्मी जी मेरे चरणों में सदैव मेरी सेवा करती रहती हैं पर वह कहता था कि मुझे ठगती हैं। नारद, सेवा करने वाला क्या कभी ठगता है?

–प्रभु एक बार भारत देश के संसद परिसर में जाकर लक्ष्मी भक्तों से मिल लें तो आपके इस प्रश्न का उत्तर मिल जायेगा। वैसे प्रभु आप तो अन्तर्यामी हैं।

प्रभु ने किया, हुँ। हुँ के बाद कुछ क्षण चिन्तन के बिताए और कहा–तो लक्ष्मी जी भक्तों की कैद में नहीं हैं, भक्तों को कैद कर रही हैं। ये उलटबांसी नहीं हैं।

नारद उवाच–हाँ प्रभु आजकल यही सीधीबांसी है। आजकल माँ की कैद-शरण में आने के लिए अनेक भक्त वैसे ही उत्सुक हैं जैसे कामी कामदेव के बाण खाने को उत्सुक होता है या फिर कोई साँसारिक मल्टीनेशनल कम्पनी में काम करने को उत्सुक होता है। माँ के भक्तों की संख्या दिन दूनी-रात चौगुनी प्रगति कर रही है। आपके मन्दिरों को आपके भक्त सोने-चाँदी के चढ़ावे से सम्पन्न कर रहे हैं। पुजारियों की कुटिया मुटिया गयी है। आपके मुटियाए पुजारियों की सन्तान लक्ष्मी माता के नाम स्मरण में ही डूबी हुई है। वे जितना डूबती है, माता

उनको उतना ही तारती हैं। धर्म का सेंसेक्स हाई है प्रभु। अब धर्म की हानि की सम्भावना भी कम है। धर्म तो लाभ ही लाभ में है। हो सकता है इस कलयुग में आपको धर्म की हानि के चलते अवतार न लेना पड़े। माँ ही व्यस्त रहेंगी। वैसे प्रभु आप तो अन्तर्यामी हैं।

प्रभु ने फिर हुँ किया। हुँ के बाद कुछ क्षण चिन्तन के बिताए। चिन्तन के इन क्षणों में उन्हें नारद की स्वामीभक्ति पर भी सन्देह हुआ। इतना सब कुछ हो गया और अन्तर्यामी प्रभु को...

नारद कुछ और विस्तार से कहो। लक्ष्मी जी की कथा सुनने में आनन्द आ रहा है। इस कथा के समक्ष मेरी सत्यनारायण वाली कथा फीकी पड़ रही है।

नारद उवाच—प्रभु में आपको सुबुद्धि नामक बालक की एक कथा सुनाता हूँ। सुबुद्धि नामक बालक मातृ एवं पितृ भक्त था। युवावस्था में भी कुमुखी और सुमुखी कन्याओं की उसी प्रकार उपेक्षा करता था जैसे कलियुग में जीवन मूल्यों की की जाती है। माता-पिता इस कारण उसे अपनी योग्य सन्तान मानते थे। आप तो जानते ही हैं कि प्रभु योग्य भक्त और योग्य सन्तान के लिए सबकुछ न्योछावर कर दिया जाता है। सुबुद्धि के माता-पिता ने पहले तन फिर मन और अन्ततः धन न्योछावर करना आरम्भ कर दिया। आपके भक्त भी तो आप पर पहले तन फिर मन और अन्ततः धन न्योछावर कर देते हैं। बदले में आप उन्हें वरदान देते हैं। उन्हें भी विश्वास था कि जो पुत्र अध्ययनकाल में इतनी सेवा कर रहा है वह नौकरी काल में कितनी सेवा करेगा। सुबुद्धि न केवल माता-पिता की सेवा करता अपितु वह नित्य प्रति आपकी भी पूजा अर्चना किया करता था। आपके मन्दिरों के भी होल सेल में चक्कर लगाता था। उसका चक्कर लगाना सफल हुआ और उसे अच्छी नौकरी मिली। प्रभु जैसे कलियुग में अच्छी शिक्षा से अभिप्राय महँगी शिक्षा से होता है वैसे ही अच्छी नौकरी से अभिप्राय अच्छे पैकेज से होता है। अच्छे पैकेज वाले लड़के को अच्छे पैकेज वाली लड़की भी मिल जाती है। प्रभु आजकल वर वधू के गुण नहीं पैकेज मिलाए जाते हैं।

हे प्रभु, अच्छे पैकेज वालों के अच्छे दिन और अच्छी रातें कम्पनी की हो जाती हैं। विवाह के लिए दोनों को बहुत मुश्किल से छुट्टी मिली पर वर्क फ्राम होम भी करना पड़ा। और प्रभु अगले ही दिन हनीमून की बजाय दोनों कम्पनी के काम से अपने-अपने गन्तव्य पर चले गये। नववधू का मुँह देखने आये रिश्तेदार और पड़ोसिनों ने सास का मुँह देख और उसे शगुन पकड़ा रसम निभाई कर ली।

चार दिन बाद बहू लौटी। कैब से उतरी। सास-ससुर प्रसन्न हुए। प्रसन्नता में ससुर ने बहू का अटैची उठाया तो कमर ने सावधान किया कि प्यारे, बहू का

बोझ तुम ही ढोओ। अगली बार ढोया तो में बोल जाऊँगी। इससे पहले कि बहू पाँ लागी करती मोबाइल ने क्रन्दन किया। इम्पोर्टेंट विदेशी क्लाइंट का फोन था। बहू ने इयर प्लग ठूँसा और घर में मोबाइल ले गयी। तीस मिनट बाद पाँ लागी करने का सुअवसर मिला तब तक चरण प्रतीक्षा में थक चुके थे। थके चरणों की पाँ लागी से आशीर्वाद भी थका-सा निकलता है।

पुत्र दो दिन बाद आया। उस दिन पत्नी प्रोजेक्ट के कारण आधी रात को आयी। सुबुद्धि को तनिक भी गुस्सा नहीं आया।

पैकेज वाला जीवन द्रुतविलंबित चलने लगा। पिता बीमार हुए तो अस्पताल के पैकेज ने उन्हें भरती करवा दिया। माँ की सेवा की आवश्यकता हुई तो उसे नर्स का पैकेज दिलवा दिया। सुबुद्धि ने अनेक बार माता-पिता संग पैकेज टूर बनाया पर कम्पनी के काम ने उन्हें एयरपोर्ट से लौटाया। दयालु कम्पनी ने उनके आर्थिक नुकसान की भरपाई की। माता-पिता का तो कोई नुकसान हुआ ही नहीं था!

नित्य प्रति आपकी पूजा अर्चना करने वाला सुबुद्धि आजकल लक्ष्मी मेंया की अर्चना करता है। लक्ष्मीशरणम् गच्छामि के मन्त्र का जाप करता है। वह उच्चारता है—हे भ्रष्टाचार प्रेरणी, हे कालाधनवासिनी, हे वैमनस्यउत्पादिनी, हे विश्वबैंकमयी! मुझपर ऐसे ही कृपा कर। बचपन में मुझे इकन्नी मिलती थी पर इच्छा चवन्नी की होती थी, परन्तु तेरी चवन्नी भर कृपा कभी न हुई। यहाँ तक मुझमें चोरी, भ्रष्टाचार, रिश्वतखोरी आदि की सदेच्छा भी पैदा न हुई वरना होनहार बिरवान के होत चिकने पात को सही सिद्ध करता हुआ मैं अपनी शैशवकालीन अच्छी आदतों के बल पर किसी प्रदेश का मन्त्री/किसी थाने का थानेदार/किसी क्षेत्र का आयकर अधिकारी/आदि आदि बन देश-सेवा का पुण्य कमाता और लक्ष्मी नाम की लूट ही लूटता। युवा में में सावन का अन्धा ही रहा पर तेरी कृपा से दिव्यचक्षु हो गया। रिश्वतकेशी तेरे प्रताप से जेलों के ताले खुल जाते हैं और तेरे भक्त संसद तक में पहुँच कर महान देशसेवक बनते हैं। तू अपनी कृपा में निरन्तर वृद्धि करती रहना। तू जब कहेगी, जहाँ कहेगी में चला जाऊँगा। मेरा और मेरी पत्नी का पैकेज दिन दूनी-रात चौगुनी गति से बढ़ता रहे जिससे में अपने माता-पिता की कैंसर जैसी बीमारी का भी हँसते-खेलते इलाज कर सकूँ।"

प्रभु लक्ष्मी माता के सम्मोहन में डूबे सुबुद्धि से उसके माता-पिता केवल तन और मन चाहते हैं पर वह ब्याज सहित धन-सेवा कर रहा है। उसका तन और मन लक्ष्मी माता की कैद में है।

इस बार प्रभु ने हुं भी नहीं किया। प्रभु तो अन्तर्यामी हैं। प्रभु अन्तर्यान भी होते हैं। और नारद? वे तो भक्त हैं। और भक्त तो कैद होता है।

मेढकों का आकाश

मुझे प्यास लगी थी। भूखे को चाँद रोटी लगता है और प्यासे को गड्ढा भी कुआँ लगता है। वैसे यह कुएँ का समय नहीं है, यह तो नल की टोंटियों और मिनरल वॉटर की बोतलों का समय है। कुएँ हैंडपम्प आदि हमारे समय से वैसे ही गायब हो गये हैं जैसे मोची, कलईवाला या फिर मानव मूल्यों से मूल्य गायब हो गये हैं। अब बीस कोस पर न तो भाषा बदलती है और न ही पानी। सब जगह बोतलों में बन्द एक जैसे ही स्वाद का पानी मिलता है। शहर भी तो अपनी पहचान खो बैठे हैं, एक जैसे ही मॉलों से चकाचौंध एवं समृद्ध। हाँ अभी भी कुछ पिछड़े हुए गाँव हैं जहाँ कुएँ या हैंडपम्प, जीवन रक्षक से दिख जाते हैं। में भी ऐसे ही एक पिछड़े गाँव में था। चुनाव का वसन्त हो तो चाहे पिछड़ा गाँव हो या पिछड़े जन, गुलो गुलज़ार हो जाते हैं। और वसन्त के जाते ही गरीबी का पतझड़ छा जाता है।

सूरज तपा रहा था। पिछड़े गाँव में मुझे प्यास लगी थी। शहर होता तो किसी भी कदम पर पैसा फेंक पानी की बोतल पा लेता। आपके पास पैसा हो तो पानी क्या आप पैसा फेंक न्याय तक का तमाशा देख सकते हैं। पर यह तो पिछड़ा गाँव था और में पिछड़ा आदमी। यहाँ पैसा फेंकने से कुछ होने वाला नहीं था। यहाँ तो जो होना था श्रम या सौहार्द से होना था।

शहर में जहाँ नजर दौड़ाओ सीमेंट जड़ित अट्टालिकाएँ, तारकोल की सड़कें और भीड़ बना इंसान दिखाई देता है और नहीं दिखाई देती तो खाली जमीन। पर इस 'पिछड़े' गाँव में दिखाई दे रही थी तो केवल खाली जमीन। इस खाली जमीन में मेरी दूर दृष्टि को कुआँ दिख गया। प्यासे को कुएँ के पास और चुनाव में नेता को जनता के पास जाना ही होता है। में भी गया।

मैंने कुएँ में झाँका। कुएँ में पानी था। इससे पहले में कुएँ से पानी निकालने की सोचूँ अचानक शान्त कुआँ अशान्त हो गया। मुझ अजनबी के झाँकने से

कुआँ असहिष्णु हो गया। पहले एक मेढक टर्राया फिर ढेर सारे मेढक टर्राने लगे।

एक मेढक जोर से उछला, पर ज्यादा उछल नहीं पाया। वह मेढक था इसलिए उसमें टर्राने की असीम शक्ति थी, उसने असीम शक्ति से टर्राते हुए कहा—हटो, हटो दूर हटो। हमारे आकाश को मत ढको। हमारे इस विशाल कुएँ से दूर हटो।

—तुम्हारा कुआँ ! तुम्हारा आकाश!

—हाँ हमारा कुआँ और हमारा विस्तृत और विशाल आकाश। और हम हैं इस देश के वासी। आज हमारे राजाधिराज का राज्याभिषेक है। उनसे ऊँचा कोई नहीं कूद सकता। राजाधिराज संसार में सबसे ऊँची कूद लगाने वाले सर्वश्रेष्ठ प्राणी हैं।'

—संसार के, या केवल इस छोटे से कुएँ के?

—ये कुआँद्रोही है। इसे मारो... अचानक सब मेढक टर्र-टर्र कर कूदने लगे। कुछ मुझे गलियाने लगे।

—ये आप मुझे गाली क्यों दे रहे हैं। मैंने आपका क्या बिगाड़ा है?

—यह हमारे कुएँ की भाषा है। ये ही हमारे कुएँ का यथार्थ है। हम ऐसी ही भाषा में बात करते हैं। सारा संसार इसी ही भाषा में बात करता है।

—आप लोगों ने संसार देखा है।

—हम रोज देखते हैं। राजाधिराज ने हमें ज्ञान दिया है कि आकाश में रोज पाँच-पाँच मिनट के लिए सूरज और चाँद निकलता है, बीस पच्चीस तारे निकलते हैं। जब तक सूरज चाँद रहेगा राजाधिराज का नाम रहेगा। हमारे राजाधिराज एक दिन इस आकाश में छेद कर देंगे

—तुम्हारे राजा को पत्थर उछालना भी आता है?

—हमारे राजा को उछलना आता है। वे हाथ में पत्थर पकड़ बहुत उछल सकते हैं।

—उछलने से आकाश में छेद नहीं होता। ज्यादा उछलने के बाद जब गिरते हैं तो बहुत चोट लगती है। जिस दिन तुम्हारे राजाधिराज उछलकर कुएँ के ऊपर का आकाश देखेंगे, सदमा लगेगा, गिर जायेंगे और टाँग तुड़वा बैठेंगे। लँगड़े हो जायेंगे।

—तूने राजाधिराज को लँगड़ा कहा...हरामखोर, कमीने...(ये 'अभद्र' शब्द उनके नहीं हैं, उन्होंने तो...तिया जैसे सम्भ्रान्त एवं सरल शब्दों का प्रयोग किया था। मैंने उनका स्थानान्तरण किया है।)

—मुझ जैसे अज्ञानी को क्षमा करें में कहीं और अपनी प्यास बुझा लूँगा।

अचानक राजाधिराज ने सबको शान्त किया और मुझसे बोले—अन्दर आओ अज्ञानी और इस कुएँ की गहराई देखो, यहाँ का मीठा पानी पी कर तो देखो।

और यहाँ से दिखने वाले आकाश की विशालता देखो। बाहर क्या धरा है?

—बाहर नदियाँ हैं...

—नदियों में प्रदूषण भरा है।

—विशाल समुद्र है।

—समुद्र का जल तो खारा है।

—पर उसकी सीप में अनेक मोती हैं।

—सीप से प्यास नहीं बुझती अज्ञानी! समुद्र तो तुम्हें बौना बना देता है। इस कुएँ में रहकर देखो बालक। आकाश कितना विशाल लगता है। जब जयकार होती है तो सारे आकाश एक समान ही लगते हैं। राजा राजा होता है, चाहे कुएँ का हो या फिर नदी का। सभी राजा न्याय करते हैं, उनका राज दरबार होता है, दरबारी होते हैं, उसकी सेना होती है, चमचे-चमचिया होती हैं। राजा सवाल कर सकता है पर उससे कोई सवाल नहीं कर सकता। राजा कभी नंगा नहीं होता, उसे नंगा कहने वाले नंगे होते हैं, देशद्रोही कहलाते हैं। राजा किसी भी अँगुली उठाने वाले की अँगुली तोड़ सकता है, आँख दिखाने वाले की आँख फोड़ सकता है और विद्रोही को फाँसी पर चढ़ा सकता है।यदि नदी का राजा नहीं बन सकते तो कुएँ का बनने में क्या हानि है?'

—पर देश में तो प्रजातन्त्र है।'

—कभी पार्टी हाईकमांड, प्रधानमन्त्री, मुख्यमन्त्री या मन्त्री के दरबार में पेश कार्यकर्ता या नौकरशाह अथवा थाने में बयान देते हुए और न्याय की प्रतीक्षा में मरणासन्न हो चुके गरीब से पूछना, वो बतायेगा देश में कितना और कैसा प्रजातन्त्र है।

—पर यह जय-जयकार आपको कुएँ से बाहर नहीं निकलने देगी।

—निकलना कौन चाहता है। पर आकाश को छेदने का सपना बेचने से तो कोई रोक नहीं सकता। तुम भी आ जाओ और मेरा नौरत्न बन प्यास बुझाओ।

सभी मेढक समर्थन में टर्राने लगे। सभी मेढक कुएँ में थे और कुआँ उनमें था। में बाहर था और बाहर ही रहा। मेरे पास प्यास बुझाने के और साधन भी थे।

अथ श्वान शास्त्र कथनम्

मेरे तत्सम प्रधान शब्दों से युक्त शीर्षक को पढ़कर आपको अवश्य ही लग रहा होगा कि में कोई ऊँची बात कह रहा हूँ। जैसे कठिन अंग्रेजी में कुछ भी झाड़ूँ तो आपको लगेगा कि में बहुत ही विद्वत्तापूर्ण बात कह रहा हूँ। पर यदि में सरल हिन्दी में अपनों शीर्षक लिखूँ, 'कुत्ता-कुत्ती खेल', तो में आपको नीच सोच का दुष्ट लगूँगा। में महात्मा बुद्ध का मध्यम मार्ग अपनोंते हुए कुछ उच्च प्रवृत्ति की और कुछ नीच विचार वाली बात कहता हूँ।

पहले सन्तों को सीकरी से काम नहीं होता था आजकल सीकरी सन्तों से कोई काम नहीं रखती है। कुछ सन्त काम हो या न हो सीकरी के गलियारों में विचरण करते रहते हैं। जैसे ही सीकरी को छोटा-मोटा काम होता है, सन्त उसे निबटा देते हैं। ऐसे में सीकरी का सन्तों तक जाने का 'किराया' बच जाता है, धर्मार्थ कर्म करने का सन्तोष मिल जाता है और काम के साथ 'निष्कामी' सन्त भी सस्ते में निबट जाते हैं। और उधर कुछ सन्त बिना पगहियाँ घिसाए 'सीकरी वांछित' फल पा सन्तोष की अनुभूति करते हैं।

मेरे साथ एक सन्त खड़े थे और मुझे ज्ञान दे रहे थे। सन्तों का काम ही ज्ञान देने का होता है, जैसे सत्ताधारी का काम भ्रष्टाचार करने का होता है। या फिर पूँजीपति का काम शोषण करना होता है, जनता का काम वोट देना होता है आदि-आदि।

इस बीच मेरे एक मित्र राधेलाल ने हमारी ज्ञानवर्द्धक चर्चा में वैसे ही प्रवेश किया जैसे सत्ता प्राप्त करते ही सज्जनों तक की आत्मा में भ्रष्टाचार प्रवेश कर जाता है।

राधेलाल जी एक ऐसे ही सन्त नहीं हैं, आम आदमी हैं। वो आजकल सत्ता के गलियारों में चहलकदमी करते रहते हैं। चहलकदमी करने से पगहियाँ नहीं घिसती है, आने-जाने से घिसती है। राधेलाल सन्त नहीं हैं पर आँगन कुटी छवाय

वाले आम आदमी हैं। सदा इस प्रयत्न में रहते हैं कि अपनी कुटिया तो सत्ता के गलियारे में छवे पर दूसरे की कुटिया न छवने पाये। जैसे ही दूसरा कुटिया छवाने का प्रयत्न करता है राधेलाल का सिंहासन डोलने लगता है। उनके मन में भाँति-भाँति की गालियों की लहरें हिलोर मारने लगती हैं। इन्द्र सिंहासन डोलने पर उर्वशी या रंभा के पास जाते थे राधेलाल जी गालियों के निकास के लिए मेरे पास आते हैं।

इस बार भी राधेलाल जी आये और लगे गालियाँ उवाचने। सन्तों को गालियों के ज्ञान से कुछ लेना-देना नहीं होता है इसलिए सन्त जी मुँह बिचकाते हुए खिसक लिए।

हे पाठको! महाभारत के धृतराष्ट्र एवं संजय उवाच की तरह आप राधेलाल और जनमेजय उवाच का आनन्द लें। घर में महाभारत हो जाये तो दुख देता है और टीवी में हो तो आनन्द देता है। प्रभु आपको टीवी जैसा आनन्द दे।

राधेलाल उवाच–वो साला बड़ी कुत्ती चीज है।

जनमेजय उवाच–कौन साला?

राधेलाल उवाच–अरे 'वो ', जिसे कल तक कोई टके सेर नहीं पूछता था। कुत्तों की तरह मारा-मारा फिरता था। इसे उसे सूँघता फिरता था। सत्ता क्या बदली उस कुत्ते के दिन भी बदल गये। बड़े आदमी ने उसे पुचकार दिया तो आजकल 'बड़ा वो' हो गया है। बड़ी ही कुत्ती चीज हो गया है।

जनमेजय उवाच–राधेलाल जी, दिन तो हर कुत्ते के बदलते ही हैं। पर मुझ अज्ञानी को यह समझाएँ कि पहले 'वो' था तो कुत्ता था, पर 'बड़ा वो' होते ही साला कुत्ती चीज कैसे हो गया। यह लिंग परिवर्तन कैसे हो गया? कुत्ती और चीज का आपस में क्या सम्बन्ध है? वो, बड़ा वो होते ही, कुत्ती चीज कैसे हो जाता है?

राधेलाल उवाच–सुनो जनमेजय! तुम तो जानते ही हो कि कुत्तों का मानव जीवन में कितना महत्त्व है। और राजनीति में तो इनका विशेष महत्त्व है। जैसे खान पान का वैभव लक्ष्मी माता की कृपा के बिना नहीं आता वैसे ही सत्ता सुख इनके बिना नहीं आ पाता है। एक हड्डी की प्रतीक्षा में ये आपकी रक्षा करते हैं, मनोरंजन करते हैं और हुश कहने पर, बिना सोचे समझे किसी को भी फाड़ सकते हैं। सत्ता के गलियारों की शोभा इनके बल पर है।

जब तक मानव 'वो' रहता है कुत्ती चीज नहीं होता है, कुत्ता होता है और कुत्ते की औकात में रहता है। उसकी दुम हर समय लहराती रहती है। किसी के पुचकारने की प्रतीक्षा में वो, मात्र वो ही रहता है। पर जब मानव बड़ा वो हो जाता है तो कुत्ती चीज हो जाता है। बड़ा 'वो' ही बड़ी कुत्ती चीज हो सकता है।

एक चाय बेचने वाला जब तक वो होता है चाय ही बेचता है पर जब वो बड़ा वो हो जाता है तो दूसरों से चाय बिकवाने लगता है। तब बड़ा वो चाय बेचता नहीं, चाय पीता है। बड़ा वो अच्छे-अच्छों को पानी पिलाता है और बेचारे अच्छे, अच्छे दिनों की चाह में, अनमने मन से, उसे अपने हाथ की बनी चाय पिलाते हैं। इस वो के बड़े होने की श्रेणियाँ हैं। उत्कृष्ट श्रेणी वाले बड़े वो के सामने उच्च श्रेणी वाले बड़े वो अपनी बगले ही झाँक पाते हैं, या किसी बिल्ली से प्रेरणा प्राप्त कर खंभा ही नोच पाते हैं। तुमने देखा ही होगा कि संसद के गलियारों में अनगिन खंभे हैं। जितने साँसद हैं, उससे अधिक खंभे हैं। ये खंभे नोचने के ही काम आते हैं। जो संसद का खंभा नहीं नोच पाता वो संसद के गलियारे से बाहर हो जाता है।

वैसे तो पूरा विश्व ही परिवर्तनशील है परन्तु राजनीति का विश्व अति परिवर्तनशील है। जो आज बड़ा वो है कल केवल वो भी रह सकता है। सुबहो शाम सलाम करने वाले हाथ अपने हाथ छिपा लेते हैं। इसलिए जो बड़ा वो है, वही है और जो नहीं है, वो नहीं है।

जनमेजय उवाच–राजनीति के गलियारों की यह कैसी पहेली है, राधेलाल! तुम अपठनीय कवि से क्यों मुझे उलझा रहे हो, किसी व्यंग्य लेखक जैसे सुलझाते क्यों नहीं हो?

राधेलाल उवाच–यह पहेली नहीं है अबोध, यह सीधी-साधी प्रजातान्त्रिक व्यवस्था है। पर तुम तो राजनीति को काजर की कोठरी माने इससे पलायन किये बैठे हो। एक बार इस काजर की कोठरी में घुसो तो सही, तुम्हें काले से प्यार हो जायेगा। तुम प्रभु से प्रेम करने लगोगे, दिनों-दिन उजले हो जाओगे।

जनमेजय उवाच–अब तुम अध्यात्म में उलझाने लगे। चलो कहो, काजर की कोठरी और प्रभु से प्रेम करने में क्या सम्बन्ध है, ज्ञानी?

राधेलाल उवाच–हमारे सारे प्रभु श्याम वर्ण के हैं कि नहीं? कवि बिहारी ने भी कहा है कि ज्यों ज्यों बूड़े श्याम रंग, त्यों त्यों उजलो होइ। जैसे भक्ति का मार्ग बहुत कठिन है, वैसे ही काजर की कोठरी में प्रवेश का मार्ग कठिन है।

जनमेजय उवाचः हे राधेलाल, मुझे तो सरल मार्ग बताओ। क्या राजनीति के गलियारों में या बाबाओं के आश्रम में ही बड़ी कुत्ती चीजें पाई जाती हैं?

राधेलाल उवाच–नहीं अबोध बालक! जैसे सन्तों के चरण होते हैं वैसे ही लक्ष्मी के चरण भी होते हैं। जहाँ-जहाँ लक्ष्मी की कृपा होती है वहाँ-वहाँ कुत्ती चीज पाई जाती है। प्रभु तो धर्म की ग्लानि होने पर भारत में अवतार लेते हैं परन्तु लक्ष्मी सदैव अवतरित रहती है। प्रभु चाहे कण-कण में विद्यमान न हों पर

ये तो कण-कण में विद्यमान है। सरकारी दफ्तर हो, थाना हो या फिर न्याय पाना हो तुम इसके दर्शन कर सकते हो। हर विवाहित पुरुष और नारी अपने जीवन में इसके दर्शन का सौभाग्य प्राप्त करते हैं।

जनमेजय उवाच—क्या मैंने भी यह सौभाग्य प्राप्त किया है, गुरुदेव? मेरी उत्सुकता किसी शोडषी के विकसित शरीर-सी अथवा उसे देख किसी लोलुप की टपकती लार-सी बढ़ रही है। मुझ विवाहित ने इसके दर्शन कब किये इसका रसपूर्ण वर्णन वैसे ही करें जैसे आजकल के बाबा अपने भक्तों को अपने जाल में फँसाने के लिए करते हैं।

राधेलाल उवाच—तुम्हारी उत्सुकता चुनाव का परिणाम आने के पश्चात् किसी प्रत्याशी की उत्सुकता-सी अथवा किसी भ्रष्टाचारी को मनोवांछित रिश्वत प्राप्त होने-सी शान्त हो, इसके लिए तुम्हें एक कथा सुनाता हूँ। हे सामाजिक, इसके सुनने से तुम्हारी सारी राजनीतिक शंकाएँ भी वैसे ही निर्मूल हो जायेंगी जैसे किसी के प्रधानमन्त्री बनने पर उसकी चुनाव सम्बन्धी शंकाएँ निर्मूल हो जाती हैं।

अथ अति साधारण मानव कथा

हे जनमेजय! में तुम्हें एक अति साधारण मानव की कथा सुनाता हूँ। आजकल साधारण मानव का राजनीति में बहुत महत्त्व है। साधारण मनुष्य, जिसे आम आदमी भी कहा जा सकता है, प्रधानमन्त्री या मुख्यमन्त्री बनता है तो घटना असाधारण होती है और असाधारण व्यक्ति प्रधानमन्त्री या मुख्यमन्त्री बनता है तो साधारण दुर्घटना होती है।

ऐसे ही एक साधारण से परिवार में जन्मा, साधारणश्री लल्लूराम जब विवाह योग्य हुआ तो पूरे परिवार को उसके विवाह की चिन्ता हुई। सबने चाहा कि उसका शीघ्र से शीघ्र विवाह हो। ये दीगर बात है कि जब विवाह हुआ तो सबने स्वयं को कोसा कि उन्होंने ऐसा क्यों चाहा।

विवाह से पहले पुरुष माता-पिता, भाई-बहनों का वो ही होता है। विवाह के बाद पत्नी का वो हो जाता है। हनीमूनी दौर में वो होने के बावजूद कुत्ती नहीं कुत्ता चीज होता है। उसकी घ्राण शक्ति बहुत तीव्र होती है। पत्नी कहीं भी हो उसे सूँघते हुए वो पहुँच ही जाता है। ऐसे में पत्नी कहती है—'आप बड़े वो हैं'। पति तो वो ही होता पर पत्नी उसे 'आप बड़े वो हैं' कह-कह कर, बड़ा वो बना देती है।

बच्चों की चिल पौं के घर में प्रवेश करते ही पति 'बड़े वो' का अर्थ एवं अधिकार समझ जाता है और वो बड़ा वो हो ही जाता है। कुत्ती चीज हो जाता

है। कुत्ते की तरह सूँघना बन्द कर देता है। अब पत्नी उसे सूँघती फिरती है। पत्नी उसके पर्स से विजिटिंग कार्ड सूँघती है, उसके कपड़ों से पर्फ्यूम सूँघती है, उसके मोबाइल में नम्बर और मेंसेज सूँघती है तथा आवश्यकता पड़े तो उसके दोस्तों को भी सूँघती है। ये सूँघना वैसा ही होता है जैसे सत्ता में आने के बाद सत्ताधारी सी बी आई के द्वारा विरोधियों को सूँघते हैं।

जनमेजय उवाच—गुरुदेव, इस दृष्टि से यह सूँघना-सूँघनी सम्बन्ध तो अस्थाई हुआ न? आज का सूँघने वाला कल सुँघवाने वाला भी हो सकता है। आज का कुत्ता यदि कल की कुत्ती बन सकता है तो कल की कुत्ती आज का कुत्ता भी बन सकती है।

राधेलाल उवाच—तुम्हें यदि 'कुत्ता-कुत्ती' शास्त्र का ज्ञान हो तो जानते ही होगे कि कुत्ते का काम सूँघना होता है और कुत्ती का काम सुँघवाना होता है। राजनीति में घ्राण शक्ति का बहुत बड़ा महत्त्व है। यदि आपकी घ्राण शक्ति प्रबल है तो आपकी दूर दृष्टि भी प्रबल हो जाती है। आप जान जाते हैं कि भविष्य में कौन सूँघेगा और कौन सुँघवाएगा। हर बड़ा वो जब कुत्ती चीज बन जाता है तो लोग सूँघते-सूँघते उसी के पास ही पहुँचते हैं। कुत्ती चीज का कुत्ते से कोई सम्बन्ध नहीं है। पर कुत्ती चीज बनते ही 'बड़ा वो' अच्छे अच्छों को उनकी कुत्तात्मक औकात बताने लगता है। कुछ समझे?

जनमेजय उवाच—हे गुरुवर, लगता है मुझे 'कुत्ता-कुत्ती' शास्त्र का ज्ञान प्राप्त करने के लिए आपका शिष्यत्व ग्रहण करना पड़ेगा। इस दर्शनशास्त्र को समझ पाना कठिन है। में कब आऊँ आपकी शरण में?

राधेलाल उवाच—तुम्हें शरण में आने की क्या आवश्यकता है, तुम्हारे पास तो तुम्हारी जाति के अनुयायिओं का बल है। लोग तो तुम्हारी शरण में आने को तत्पर हैं। मेरी सलाह मानो, बस एक बार काजर की कोठरी में घुस जाओ, सारे सम्बन्ध समझ आ जायेंगे।

यह कहकर राधेलाल ने काजर की विराट कोठरी का मुझे ट्रेलर दिखाया और मेरे माथे पर काजर का टीका लगाकर अन्तर्धान हो गया।

मैं चिन्तन कर रहा हूँ कि बड़ी कुत्ती चीज बनने के लिए आम आदमी का चोला छोड़ूँ, या फिर....।

रेल में ओम शान्ति

एक समय था कि हवाई जहाज की आवाज आ जाये तो उसे आकाश में उड़ता देखने के लिए खाना छोड़ देते थे। वही समय था जब रेल के प्रथम श्रेणी के डिब्बों को उसी हसरत भरी निगाह से देखते थे, जिससे प्रेमिका को देखा करते थे। समय बदलता है तो कुत्ता हो, घूरा हो या आदमी, उसके भी दिन बदलते हैं।

धन्य हैं बहुराष्ट्रीय कम्पनी में काम करने वाली हमारी सन्तान जिसने बुढ़ापे में हमारा समय बदल दिया। धन्य है हमारी भारतीय रेल जिसने सीनियर सिटिजन के बदले समय को, चार नहीं तो दो चाँद लगा ही दिये। रेल विभाग को कम से कम सीनियर सिटिजन के मामले में बाजार की सही समझ है। एक खरीदो और दूसरा मुफ्त पाओ की सुविधा दी है। सीनियर हो चुके पति-पत्नी लगभग एक के किराये में दो वाली यात्रा करते हैं। और मुझ जैसे सेकंड एसी का किराया देकर प्रथम श्रेणी का आनन्द उठाते हैं। मित्रो कभी आपको वीआईपी न होते हुए भी वीआईपी होने का सुख उठाना है तो राजधानी से प्रथम श्रेणी में यात्रा कर देखिए। प्रथम श्रेणी में जो मान सम्मान मिलता है उसे देखकर आप हीन भावना से ग्रस्त हो जाते हैं कि में इस योग्य भी हूँ कि नहीं। कुछ घंटे के इस मान सम्मान में आप सन्तान की उपेक्षा, मित्र का पीठ में भोंका छुरा तक भूल जाते हैं। वीआईपी सम्मान आपको एटेंडेंट से टूटी-फूटी अंग्रेजी बोलने को, अच्छी अटेची ले जाने को और 'सभ्य' स्वर में बात करने को विवश करता है। वैसे इस मुगालते में मत रहें कि यह वीआईपी सुविधा आपके लिए है। यह तो उनके लिए है जो उठते-जागते, खाते-पीते हुए आदमी नहीं वीआईपी होते हैं, सदाबहार वीआईपी। यह तो प्रजातन्त्र का आशीर्वाद है, कृपा है कि आप इसका लाभ उठा लेते हैं वरना आप भी महात्मा गाँधी की तरह डिब्बे से कचरे की तरह फेंक दिये जाते।

प्रथम श्रेणी में दो ही हों और आपको कूपे मिल जाये तो यात्रा का आनन्द दोगुना हो जाता है। कुछ देर के लिए लगता है जैसे हमारा सर्वाधिकार सुरक्षित

है। अगर कूपे न मिले और चार का केबिन मिले तो आपकी यात्रा का आनन्द सहयात्री पर निर्भर करता है। यदि कोई खर्राटाधारी आ जाये, या फिर पति-पत्नी और उनके हर बात-बात पर रोने वाला उनका नन्हा मुन्ना/मुन्नी, आ जाये तो वह रोता है और आप गाते हैं—नींद क्यों रात भर नहीं आती। हम दोनों पति-पत्नी जब यात्रा करते हैं तो यही कामना करते रहते हैं कि हमें कूपे देना, 'प्रभु'। प्रथम श्रेणी आरक्षण के मामले में भी वीआईपी है। आधे से अधिक सीटें वीआईपी के लिए आरक्षित होती हैं। सेकंड और थर्ड एसी में तो टिकट आरक्षित करते ही आपको आपका सीट नम्बर मिल जाता है पर इसमें जब तक चार्ट बन नहीं जाता, पता ही नहीं चलता कि आपको कूपे मिलेगा या फिर केबिन। पति/पत्नी का प्यार में चाहे दिल धक-धक न करता हो पर गाड़ी चलने के तीन घंटे पहले तक करता रहता है कि प्रभु हम दोनों को क्या देंगे? सन्तों ने कहा है कि अन्त समय कुछ नहीं जाता परन्तु यदि अन्त समय वीआईपी आ जाये तो प्रभु कृपा से कूपे उसको चला जाता है।

इस बार भी अन्त समय कूपे वीआईपी को चला गया और मुझे और मेरी पत्नी को केबिन मिला। यह तो मालूम था कि आयेगा आने वाला पर यह नहीं मालूम था कि कौन आयेगा? दिल धक-धक करने लगा। समय डरा रहा था और हम डर रहे थे कि कौन डिस्टर्ब करने वाला आता है।

रेलगाड़ी रेंगने लगी। अभी तक कोई नहीं आया था। हमने सन्तोष की साँस ली। आप जानते ही हैं कि आज के समय में सन्तोष की साँस का जीवन ही कितना होता है। आप सन्तोष की साँस लेते हैं कि चलो प्याज सस्ता हो गया पर पता चलता है कि दाल महँगी हो गयी। आप सन्तोष की साँस लेते हैं कि पेट्रोल सस्ता हो गया, पता चलता है कि उसपर टैक्स लग गया। हमारी भी सन्तोष की साँस क्षणभंगुर थी। धड़धड़ाते और बड़बड़ाते हुए पति-पत्नी और उनकी चार साल की वो ने प्रवेश किया। प्यार में मैं से तुम और तुम से तू होता है, पर वे केवल तू ही तू कर रहे थे। मुद्दा था कि किसके कारण ट्रेन छूट जाती। सामान रखते हुए और उसके बाद अपनी तशरीफ रखने के बाद भी वे तू तू की बहस में उलझे रहे। एक अन्तहीन तू तू। ऐसी तू तू आपने अकसर टीवी चैनल की बहस में देखी होगी। तेरे शासन की तू तू। ऐसी बहस में दूसरे का गिरेबान झाँका जाता है और सिद्ध किया जाता है कि हम तो गिरेबान रखते ही नहीं हैं। बेचारी बच्ची, आम आदमी सी भावशून्य आँखों संग मूक थी। अब रोज-रोज की बातों पर आदमी कितना भाव दे।

अचानक पति-पत्नी को ध्यान आया कि उनके साथ उनकी बेटी भी है।

पिता ने उसके हाथ में आई टच पकड़ाया और बोला—गो अपस्टेयर। इससे पहले बच्ची कुछ समझती, पिता ने उसे ऊपर की बर्थ पर जमा दिया। वो शान्त भाव खिलौने में मस्त हो गयी। इस बीच जूस आया। दोनों ने जूस पिया और ठंडे हुए। बेटी से पूछा तो उसने नो किया और उसके नो का सम्मान किया गया। फिर फोन आया। पति ने फोन पर दो टूक बात की। पत्नी ने पूछा—'एवरीथिंग इज़ फाइन?' पति ने सर हिलाया। बिटिया ने पूछा—'हाउ इज़ मिंकू पापा!' पिता ने कहा—'ही इज फाइन डॉल!' बिटिया ने कहा—'आई मिस हिम पापा!' पिता ने समाधान दिया—'एनजॉय यूअर गेम।' और वो चाबी की गुड़िया-सी एनजॉय करने लगी।

मेरी पत्नी को मेरे ही नहीं, दूसरे के फटे में भी टाँग घुसेड़ेने की आदत है। यहाँ भी उसने घुसेड़ा।

—बड़ी प्यारी बच्ची है। कितनी शान्त और इंडिपेंडेंट। आपने अच्छी ट्रेनिंग दी है। कितने साल की है।

—फोर एंड ए हाफ ईयर की। यू नो आंटी में ड्रेस डिजायनर हूँ और विकास मेरी मदद करते हैं। हम दोनों अपनों बिजनेस एस्टेबलिश करना चाहते हैं। पाँच साल पहले शुरू किया। पर बीच में यह पैदा हो गयी। हमारे पास टाइम नहीं है। कोई ऑपशन नहीं था। छह महीने की थी, इसे अलग कमरे में अकेले सोने की आदत डाली। कपड़े चेंज करने से खाना खाने तक का काम खुद करती है। मेंड है, बट यू नो ये कितनी रिलायेबल होती हैं।

—यह तुम लोगों के बिजनेस ट्रिप में साथ ही जाती है?

—नहीं आंटी, वो तो हमारी मेंड को अचानक जाना पड़ा।

—घर में कोई बड़ा-बूढ़ा होगा। उसके पास नहीं छोड़ते?

—आंटी मेरे मम्मी-पापा स्टेट्स में भाई के पास हैं। ही नीड्स देम। और यू नो कि वहाँ सर्वेंट रखना कितना महँगा है।

मुझे लगा कि पुरुष जाति को भी इस सामाजिक समस्या में अपनों योगदान देना चाहिए। मैंने विकास से पूछा—और तुम्हारे माता पिताजी, विकास बेटे!

—अंकल पापा बहुत बीमार रहते हैं। मम्मी उन्हीं की देखभाल में रहती है। एंड हमारा दो बेड रूम का स्माल हाउस है। साथ रहें तो वो लोग हमें देखेंगें या हम उन्हें।

—और इसका भाई किसके पास रहता है।

—यह अकेली है, इसका कोई भाई नहीं है।

—पर ये कह रही थी कि मिंकू को मिस कर रही है।

—मिंकू हमारा पेट है। सिक्स मंथ की थी, तब से इसके साथ है। उसी के साथ बिजी रहती है। यू नो कि पेट को ट्रेन में साथ लाना कितना मुश्किल है। हमारे वहाँ पेट्स की क्रेच है, वहीं छोड़ आये हैं। हम भी उसे मिस कर रहे हैं।

अचानक पत्नी ने इयर प्लग अपने कानों में ठूँस लिया। पति ने कम्प्यूटर पर नजरें गड़ा दीं। इतना ही संवाद बहुत था। इतनी ही दखलअन्दाजी बहुत थी। ओम् शान्ति। संवादहीनता की शान्ति। ऐसी शान्ति पसर गयी जो हमें भयभीत कर रही थी। पहले हम डर रहे थे कि सहयात्रियों के आने से हम डिस्टर्ब न हों पर अब डर लग रहा था कि कहीं वे डिस्टर्ब न हों। चुप्पी भी कितना डिस्टर्ब करती है!

साधो, इक साधे सबै सधे

तुलसी ने कहा—तुलसी मस्तक तब नवे धनुष बान हो हाथ—और तुलसी ने राम को साध लिया। मीरा ने कहा—मेरे तो गिरधर गोपाल, दूसरो न कोई—और मीरा ने कृष्ण को साध लिया। प्रभु सध जायें तो चारों फल प्राप्त हो जाते हैं। भक्ति का निचोड़ है कि एक को साध लो तो सब सध ज़ाता है। नौकरी, पुरस्कार, पद, ठेका, आदि के अलग-अलग मन्दिर हैं। मन्दिरों में अलग-अलग प्रभु विराजे हैं। कोई प्रभु पाँच आने में प्रसन्न होता है तो कोई सोने के मुकुट से। जैसे सरकार ने व्यवसाय के लिए 'सिंगल विंडो' का प्रावधान किया है वैसे ही सिंगल विंडो वाले प्रभु भी मिल जाते हैं। बस उनको साधने के लिए साधना करनी पड़ती है।

साधना शब्द अनेकार्थी है। अनेकार्थी शब्द ही नहीं वाक्य भी बहुत महत्त्वपूर्ण अस्त्र होता है। आपने देश या देश के पर्यायवाचियों को गाली दी, बवाल हो गया। आपने अपनों अस्त्र निकाला और कह दिया कि मेरे कहने का यह अर्थ नहीं था।

साधना महत्त्वपूर्ण है। साधु प्रभुता को पाने के लिए साधना करता है, नेता सत्ता के लिए करता है, उद्योगपति लक्ष्मी को साधने के लिए साधना करता है, साहित्यकार पुरस्कार/सम्मान के लिए करता है। हमारे समय में साधना नाम की हीरोइन भी हुआ करती थी। तब हम युवा हुआ करते थे। उस उम्र में जिस लड़की में साधना नज़र आये उसकी साधना किया करते थे। आज साधना नहीं है पर युवामन साधना तो करता है।

वे लगभग भाग रहे थे, और में उन्हें सम्पूर्ण भागते हुए देख रहा था। आज का समय भाग-दौड़ का समय है। जिसे देखो भागा-दौड़ा जा रहा है। यह जल्दी-जल्दी सब कुछ पाने का समय है। यह लोगों को भागते—दौड़ते देखने का समय है। भागते हुए से सवाल करने का समय नहीं है। सवाल पूछने से भागने

वाले की गति रुक जाती है और वह गोली भी मार सकता है। पर अभी कुछ नैतिकता बची है, सम्बन्धी मित्र और परिचित सवाल करने पर गोली नहीं मारते हैं, गाली देते हैं। गालियों का संवाद चालू है।

मैंने पूछा—अरे कहाँ भागे जा रहे हैं, कहीं सेल लगी है क्या?

उन्होंने चीं ई...टाइप ब्रेक मारी और बोले—हाँ देश सेवा की सेल लगने वाली है। तीन बड़े राज्यों में चुनाव घोषित होने वाले हैं।

—तो भाग क्यों रहे हैं?

—यह कछुओं का समय नहीं है, ड्रग्स लेकर रेस लगाने वाले खरगोशों का समय है। यह कहकर वे भाग लिए।

मैं समझ गया कि चुनाव समीप थे और वे देश सेवा के लिए चुनाव लड़ना चाहते हैं। बिना चुनाव लड़े देश सेवा नहीं हो सकती है। बिना चुनाव जीते भी देश सेवा नहीं हो सकती है। चुनाव जीतने के लिए किसी पार्टी का टिकट चाहिए होता है। टिकट हाई कमांड देता है। वो किसी ऐरे-गैरे नत्थू खैरे को टिकट नहीं देता है। हाई कमांड तन-मन और धन अर्पित करने वाले भक्त को टिकट देता है। हाई कमांड के हाथ में तराजू होता है जिसमें वह भक्त के तन-मन और धन को तौलता है।

वे अपनी भक्ति को तुलवाने के लिए हाई कमांड की प्रतीक्षा कर रहे थे। बिना प्रतीक्षा करवाए जब प्रभु नहीं मिल सकते तो हाई कमांड कैसे मिल सकता है? मोटा भक्त जान हाई कमांड ने प्रतीक्षा समाप्त की। तराजू हाथ में पकड़ा और पलड़े में जाति का बाट डाला।

—हूँ आप किस जाति के हैं।

—मैं ब्राह्मण जाति का हूँ

—हूँ।

—मेरी पत्नी वैश्य परिवार की है।

—हूँ।

—मेरे पुत्र ने दलित कन्या से विवाह किया है।

—हूँ।

—मेरी बेटी यादवों के यहाँ ब्याही है।

—तुम तो बाई वन गेट फाइव फ्री हैं। हाई कमांड हँसा। उसे भी हँसना पढ़ा। यह तो तन और मन हो गया। इसके बाद...हाई कमांड मुख्य मुद्दे पर आया—'आप' पार्टी के लिए क्या कर सकते हैं?

—मैं पार्टी के लिए छह करोड़ कर सकता हूँ।

—छह करोड़, पर 'वह' तो आठ कर रहा है।

—मैं दस कर दूँगा।

—हूँ...पन्द्रह करें तो आपको सेफ सीट मिल सकती है। नहीं जीते तो राज्य सभा मिल जायेगी।

भक्त ने हाथ जोड़े और चरण धूल ग्रहण की। हाई कमांड सध गया। भक्त को देश सेवा का सुनहरी अवसर मिल गया और वह गाने लगा—'मेरे तो गिरधर गोपाल...'

कुछ हाई कमांड को साधते हैं और अवसर मिलने पर देश की सेवा करते हैं। कुछ के पास देश सेवा के चौबीस घंटे के अवसर उपलब्ध रहते हैं। वे रिश्वत माता को साध लेते हैं। सरकार कोई हो माँ की कृपा से चारों फल देने वाली देश सेवा अहिर्निश उपलब्ध रहती है जैसे एम्बुलेंस सेवा रहती है। हर मर्ज का डॉक्टर इनके पैनल में होता है। आपने बुलाया और एम्बुलेंस ने आपको वहाँ पहुँचाया।

कुछ नैतिकता के मारे रिश्वतद्रोही 'मास्टर की' को साध लेते हैं और ऊपरवाले की कृपा से हर ताले की चाबी रखते हैं। मेरे एक मित्र हैं, कालेज में पढ़ाते हैं। उन्हें मास्टर कहो तो बुरा मान जाते हैं और प्रोफेसर साहब कहो तो गर्दन अकड़ा लेते हैं। आप उन्हें मास्टर कह सकते हैं क्योंकि उनके पास 'मास्टर की' है। इस मास्टर की का निर्माण वह कालेज खुलने के पहले दिन से करने लगते हैं। कालेज में आये नये-नये छात्रों का वह पूरा परिचय लेते हैं। पूरे परिचय में उसके पिता क्या करते हैं, माता क्या करती है, भाई-बहन क्या करते हैं आदि आदि आता है। इसके बाद वे होनहार बच्चों की पहचान करते हैं। होनहार वो होता है जिसके पिता-माता, भाई या बहन 'होनहार' पद पर होते हैं या होनहार व्यवसाय कर रहे होते हैं। इन बच्चों की वह सूची बनाते हैं और उन्हें अपनी कृपा का पात्र बनाते हैं। उन्हें प्रैक्टिकल में नम्बर दिलाते हैं, इंटरनल में उच्च श्रेणी दिलाते हैं और उपस्थिति से मुक्त रखते हैं। समय पड़ने पर ये होनहार बिन हींग और फिटकरी के रंग चोखा करते हैं। मास्टर जी प्रिंसिपल का रंग चोखा कराते हैं और प्रिंसिपल प्रोफेसर साहब के हित साधता है।

कुछ के पास मास्टर की है तो कुछ के पास स्टिंग ऑपरेशन। ये ऑपरेशन कर आत्मा निकाल लेते हैं और दिमाग को साध लेते हैं। ऐसे में व्यक्ति या तो शव हो जाता है या फिर पतिव्रता नारी। वह गाता है—मोहे श्याम बस कीन्हो।

इन दिनों मुझे कबीर बहुत याद आ रहे हैं। क्योंकि यह समय कबीर का ही है। कबीर के समय में भी मस्जिदें बांग देती थीं, पाथर पूजे जाते थे, ब्राह्मण-

ब्राह्मणी एक द्वार से आते थे। सबने अपनी-अपनी मन्दिर और मस्जिद साधे हुए थे। आज भी चुनाव की बांग सुनते ही मन्दिर, मस्जिद, गिरजे, गुरुद्वारे आदि साध लिए जाते हैं। कोई ब्राह्मण साध रहा है, कोई दलित साध रहा है, कोई मुस्लिम साध रहा है, आदि, पर...देश कोई नहीं साध रहा। देश साधने वाले चुनाव हार रहे हैं, जिन्दगी हार रहे हैं।

सफाई अभियान चहुँ ओर बखाना

वह मेरा मित्र है पर नहीं है, जैसे चुनाव जीतने के बाद नेता जनसेवक होता है पर नहीं होता है या फिर पुलिसवाला आपका मित्र होता है पर नहीं होता है। मेरा मित्र भी एक सरकारी नेता है। सरकारी नेता उस नेता को कहते हैं जो या तो स्वयं सरकार में होता है या उसके दल की सरकार होती है। वैसे कुछ ऐसे भी होते हैं जो सरकार में होकर भी सरकारी नहीं होते हैं और सरकार में न होकर भी सरकारी होते हैं।

वह एक रविवार की निष्क्रिय सुबह थी और मेरा मित्र एक सच्चे सरकारी नेता की तरह अजगर बना, चारपाई पर बैठा था। सारा देश जब सक्रिय होता है तो वह निष्क्रिय हो जाता है। पूरा राष्ट्र सरकार बनाने की चिन्ता में दुबला होता है तो मित्र अपने शरीर की तेल मालिश कर रहा होता है। जब देश का नेता चुन लिया जाता है और उसे नहीं चुना जाता तो वह चारपाई पर बैठा नाखून काटने लगता है। आज जब में उसके घर पहुँचा तो वह इसी सत्कार्य में व्यस्त था। उसे स्वच्छता से बहुत लगाव है।

मैंने पूछा—क्या हो रहा है?

उसने कहा—आज नाखून की सब्जी बनानी है, इसलिए उसे काट रहा हूँ। अबे बौड़म, जानता नहीं कि सारा देश सफाई अभियान में जुटा हुआ है, मैं भी इसी अभियान में जुटा हूँ।

मैंने कहा—जानूँगा कैसे, किसी भी चैनल में, देश में सफाई हो या न हो नामक मुद्दे पर, मुर्गे नहीं लड़वाए जा रहे हैं, बहस की बदबू नहीं फैलाई जा रही है। सफाई के नाम पर एक-दूसरे पर कीचड़ नहीं उछाला जा रहा है। जब हम सत्ता में थे या जब तुम सत्ता में हो जैसा तुलनात्मक अध्ययन नहीं हो रहा है। मेरी कमीज तेरी कमीज से काली कैसे जैसी प्रतियोगिता नहीं हो रही है। वैसे तू तो चारपाई तोड़ो अभियान में लगा हुआ है, मुझे देखा तो सफाई के नाम

पर नाखून काटने लगा। तेरे जैसा अजगर सफाई में कब से यकीन करने लगा?

—सफाई में तो हर नेता को यकीन करना होता है और इसका ज्ञान प्राप्त करना होता है। कब कहाँ कैसे और किसकी सफाई करनी है, इस ज्ञान के बिना राजनीति में प्रगति करना असम्भव है। सफाई का ज्ञान नहीं होगा तो देश को कैसे साफ करेंगे? वैसे मित्र सफाई नहीं, इस तरह की सफाई के अभियान में मेरा यकीन है। हम इस मोहल्ले के नेता हैं, कार्यकर्ता नहीं। हमारा काम अभियान आरम्भ करना होता है। स्वच्छता अभियान मैंने आरम्भ कर दिया है, उसका उद्घाटन कर दिया है शेष काम या तो कार्यकर्ता करेगा या फिर जनता। अगर हम जैसे काम करने लगे तो उद्घाटन कौन करेगा, काम करने का भाषण कौन देगा, देश को कर्म की राह कौन दिखाएगा?'

इस देश में वह अकेला नहीं है, एक ढूँढ़ो तो उस जैसे हजार मिलते हैं। देश को स्वच्छ सत्ताधारी, स्वच्छ न्याय, स्वच्छ पुलिसवाले या फिर स्वच्छ कर्मचारी तो नहीं मिले पर स्वच्छता की बात बकने वाले 'वक्ता' मिल गये हैं। गाना आये या न आये स्टाईल में जिसे देखो स्वच्छता का राग अलाप रहा है।

उनके कन्धे पर झाड़ू था और चेहरे पर स्वच्छ मुस्कान। वे मार्चिंग सांग की ताल में चल रहे थे।

वे आम आदमी की झोंपड़ी में जाते हैं तो रूमाल नाक पर आ जाता है। कुर्सी छिनने की सूचना से भी भयंकर गरीबी की दुर्गन्ध उनके नाक के साथ बलात्कार करने लगती है। वे तत्काल पुकार लगाते हैं—चारों ओर बहुत कूड़ा है और हमें इसे साफ करना हैं। वे हाथ में झाड़ू पकड़ पाँच मिनटी स्वच्छता अभियान में जुट जाते हैं। जिनके हाथ में फाइल थी, जिनके हाथ में प्रस्ताव थे और जिनके हाथ में देश था उनके हाथ में झाड़ू आ जाता है। हर घूरे के दिन बदलते हैं, हर झाड़ू के दिन बदलते हैं। कुछ झाड़ू बदबूदार गन्दगी को साफ करते हैं कुछ साफ गन्दगी को साफ करते हैं। वे झोंपड़ी की गन्दगी नहीं साफ करते हैं, वे महलों के आसपास गन्दगी को फैलाकर साफ करते हैं। इस सफाई में झाड़ू का ही नहीं इत्र का भी प्रयोग होता है। ऐसी सफाई सकून देती है कि प्रभु इस पुण्य का लाभ अवश्य देंगे।

झोंपड़ी की गन्दगी साफ करो तो अगले दिन फिर बदबू मारने लगती है। महलों की गन्दगी साफ करो तो खुशबू मारने लगती है, चन्दा देती है।

सफाई की घोषणाओं का वसन्त रेडियो, टीवी, अखबार पर सुन्दर विज्ञापन के रूप में फूल रहा है। उसे मैग्निनफाइंग ग्लास से देखा जा रहा है। वसन्त के पिछवाड़े कर्म के पतझड़ को पीलिया हो गया है। कूड़ा हटाने के लिए संकल्प लिए

जा रहे। विज्ञापनों में स्वच्छ भारत जगमगा रहा है और उधर झोंपड़ी के बाहर कुत्ते और आदमी के बच्चे एक साथ मल विर्सजन कर रहे हैं। जैसे पाँच साल में एक बार जागकर सो जाना प्रजातन्त्र नहीं होता वैसे ही एक दिन स्वच्छता अभियान का उत्सव रचना अभियान नहीं नौटंकी है।

कल उन्होंने झोंपड़ी की ओर देखा था आज लन्दन, अमेरिका या पेरिस की ओर देख रहे हैं। वह अभियान पुरुष हैं। उन्होंने झोंपड़ी के लिए स्व्च्छता अभियान शुरू कर दिया है। राज्य में परिवर्तन का अभियान असफल होने के बाद अब उन्हें जलवायु परिवर्तन की चिन्ता अभियान में भाग लेना है।

उनके कन्धों पर देश का बहुत भार है। कुछ भार तो देश ने दे दिया है कुछ उन्होंने स्वयं ले लिया है। इस भार के कारण समझ ही नहीं आता है कि वे भारत के प्रधानमन्त्री हैं या विदेश मन्त्री। वो मेथिलीशरण गुप्त की द्रौपदी चीरहरण वाली पहेली है न—'नारी बिच सारी है कि सारी बीच नारी है।'

कभी कबीरदास ने कहा था—दसरथ सुत तिहूँ लोक बखाना। राम नाम का मरम है आना। और अभी में प्रेमदास कहता हूँ—सफाई अभियान चहुँ ओर बखाना। सफाई काम का कर्म है आना।

अहिंसक हिन्दी

उस दिन बापू मेरे सपने में आ गये। आप भी कहेंगे कि बापू तेरे सपने में आ गये तो हमें क्या? तूने अपने बापू की ठीक से सेवा नहीं की होगी, बीमार होने पर उनकी दवा-दारू नहीं की होगी और उनका श्राद्ध नहीं किया होगा। अब ऐसी दुष्ट सन्तानों के सपनों में आकर उनकी माँ या बापू उन्हें परेशान करते ही हैं। जा अपने पाप काट जिससे उनकी आत्मा को मुक्ति मिले।

पर मित्रो उस दिन सपने में मेरे बापू नहीं देश के बापू आये थे जिन्हें अंग्रेज 'गैंडी' कहते हैं। वे सपने में इसलिए आये कि साक्षात् आ नहीं सकते। बापू आजकल सपने की ही 'वस्तु' हो गये हैं। उपभोक्तावाद के इस स्वर्णिम युग में कुछ भी उपयोगी, 'वस्तु' ही तो है। पर क्या सपने में वही लोग आते हैं जिनकी हमने ठीक सेवा न की हो, उनका श्राद्ध न किया हो। पर हमने तो गाँधीवाद का लगभग श्राद्ध...। क्या स्वप्न में वे ही आते हैं जिनकी आत्मा निरन्तर कष्ट में होती है उन्हें मुक्ति नहीं मिलती?

आप भी कहेंगे कि राष्ट्र के ही बापू सही, राष्ट्रपिता बापू तेरे सपने में आ गये तो हमें क्या? (वैसे बापू साक्षात् भी आ जायें तो क्या? उनका जितना उपयोग करना था, लगभग हो चुका है।) बापू तो किसी के भी सपने में आ सकते हैं। बापू इतने विनम्र और सीधे हैं, उनकी जब भी आवश्यकता होती है वे आ जाते हैं—चाहे सपना हो, कोई सेमिनार हो, फिल्म हो अथवा चुनाव हो। और बापू तेरे सपने में कितने भी आ जायें उनके आने को तू भुना तो सकता नहीं है। बापू के आने, उनकी लँगोटी, चरखे, चश्में आदि को भुनाने की जो कला लोगों ने दिखाई, वो तेरे पास है क्या? तू तो गाँधी के तीन बन्दरों में से एक भी नहीं हो सकता क्योंकि तू सामयिक राजनीति का क ख ग तक नहीं जानता है, जिनका प्रयोग राजनीति में बखूबी हो रहा है।

मित्रो मेरी बहुत सीमाएँ हैं, में हिन्दी का एक अकिंचन अध्यापक हूँ और

आप जानते ही हैं कि हिन्दी का अध्यापक कितना अनुपयोगी होता है। वो न तो ट्यूशन कर शिक्षा को मूल्यवान बनाता है और न ही देश की आर्थिक दशा में कोई सुधार करता है। ऐसे अनुपयोगी के सपने में उपयोगी बापू कैसे आ सकते हैं? मो सम कौन कुटिल खल कामी, पर फिर भी इस कुटिल खल कामी के सपने में बापू आये। बापू सपने में आये तो आपकी तरह मुझे भी आश्चर्य हुआ। मैंने बापू से कहा—आप! आप मेरे सपने में? उम्र के 64 वसन्त/पतझड़ देख डाले, आप कभी सपने में नहीं आये। मैंने आपके लिखे को अनेक बार पढ़ा फिर भी आप मेरे सपने में नहीं आये। एक अंग्रेज के सपने में आये तो उसने आप पर महान फिल्म बना दी। आप तो कभी पुरस्कृत नहीं हुए पर वो अंग्रेज हो गया। आजादी के बाद भी अंग्रेजों ने आपका भरपूर प्रयोग किया बापू! ऐसे में मुझ हिन्दी वाले के सपने में कैसे बापू?

बापू दर्द भरी मुसकान के साथ बोले—हाँ वत्स, में आजकल हिन्दी वालों के सपनों में आ रहा हूँ।

—हिन्दी वालों के सपनों में? ऐसा क्यों? हिन्दी वाले तो वैसे ही सत्यवादी और अहिंसक होते हैं, उन्हें आप कौन-सा पाठ पढ़ाना चाहते हैं?

—ये सब दिखावे को अहिंसावादी हैं। ये लोग हिन्दी भाषा पर हिंगलिश का जो हथौड़ा मार रहे हैं उसे तुम अहिंसा कहते हो? में कहते-कहते थक गया, 'क्या वे लोग जो अपनी मातृभाषा का अपमान करते हैं, कभी देश का भला कर सकते हैं? ...ऐसा हो, तो यह कहने में जरा भी अतिशयोक्ति न होगी कि जो लोग अपनी भाषा को छोड़ देते हैं, वे देशद्रोही हैं और जनता के प्रति विश्वासघात करते हैं। ...यदि यही सिलसिला रहा तो बहुत सम्भव है कि राष्ट्र की आत्मा का नाश हो जाये।' अब तुम ही कहो जो राष्ट्र की आत्मा का नाश कर रहा हो वो अहिंसक कैसे हो सकता है?

—पर बापू, बेचारे हिन्दीवाले हिन्दी पर आक्रमण कहाँ कर रहे हैं? हिन्दी वालों ने तो समय की माँग पर इसे बाजार की भाषा बना दिया है। आज चारों ओर हिन्दी ही हिन्दी छायी है। हिन्दी के समाचार चैनलों के मुकाबले में अंग्रेजी के कितने हैं? ये हिन्दी की ताकत है बापू कि बाजार उसके सामने नतमस्तक है और विवश होकर उसकी ताकत को सलाम कर रहा है।

—बाजार हिन्दी की ताकत को सलाम नहीं कर रहा है, उसके बोलने वालों को, अपने अनुसार भाषा को भ्रष्ट करने को प्रेरित कर रहा है। बाजार कभी विवश नहीं होता, वो आपको विवश करता है। उसने युवा पीढ़ी को लगभग विवश कर ही दिया है कि वह हिन्दी का प्रयोग रोमन लिपि में ही करे और देवनागरी

से छुटकारा पाये। बाजार की ताकत देवनागरी नहीं रोमन लिपि है।

—पर बापू, अंग्रेजी एक अन्तरराष्ट्रीय समृद्ध भाषा है। हमारी हिन्दी में आधुनिक ज्ञान-विज्ञान पर पुस्तकें कहाँ हैं? अंग्रेजी की पुस्तकों के बिना हम कैसे प्रगति कर सकते हैं? एक तो हमारा देश वैसे ही पिछड़ने लगा है, जी डी पी निरन्तर गिर रही है और ऊपर से आप...?

—अंग्रेजी में एक शब्द है लेम एक्सक्यूजेज, हम अपनी अक्षमताओं को छुपाने के लिए अकसर इस प्रकार की बहानेबाजी का प्रयोग करते हैं और स्वयं को विकलांग कर बेचारा बनाते हैं। हिन्दी को भी हमने ऐसा ही बेचारापन दिया हुआ है। हिन्दी में दूसरी भाषाओं के साथ आत्मसात करने की अद्भुत क्षमता है। उसका आधार संस्कृत है। पर हमने गान्धारी की तरह बलात् पट्टी बाँधी हुई है और अंग्रेजी की लाठी से उसपर अन्धाधुन्ध वार कर रहे हैं। हिन्दी के प्रति यह हिंसा ठीक नहीं। लगता है तुम अपने विद्यार्थियों से नाराज हो। युवा पीढ़ी के प्रति यह दृष्टिकोण ठीक नहीं।

—बापू, जन्नत में रहता हूँ इसलिए वहाँ की हकीकत जानता हूँ। आज कॉलेज में पढ़ने वाले बच्चों की यदि किसी विषय से अरुचि है तो वो हिन्दी है। कोई और विषय नहीं मिलता तो वे बेचारे विवशता में हिन्दी ले लेते हैं। उन्हें हिन्दी का मास्टर, हिन्दी का पीरियड और हिन्दी की किताब सब व्यर्थ लगते हैं। हिन्दी का नाम सुनते ही वे सन्त हो जाते हैं और हिन्दी जैसी विषय वासना से दूर ही रहते हैं। इसमें उनका कसूर नहीं है बापू, पाठ्यक्रम उनको हिन्दी से दूर करने के लिए विवश करता है। दूसरे जब हमारे समाज में ही इस भाषा का सम्मान नहीं है तो युवा पीढ़ी के मन में क्यों हो? आप तो जानते ही हैं कि हमारी अति आधुनिक पीढ़ी हमारे प्रश्नों के उत्तर कम देती है, प्रश्न के उत्तर में प्रश्न ही करती है। संचार माध्यमों एवं कम्प्यूटर के अति आधुनिक उपकरणों से लैस यह पीढ़ी आपको अति पिछड़ा हुआ समझती है, अतः यह आपको पिछड़ेपन का आरक्षण तो दे सकती है, अपने साथ होने का अहसास एवं प्रश्न पूछने की प्रतिष्ठा नहीं दे सकती है। मैंने एक दिन अपने पोते से पूछा—'यह भारत क्या है, जानते हो?' तो मेरे पोते ने मुझसे प्रश्न किया, 'यह इंडिया क्या है, जानते हैं?' उसका प्रश्न उचित था बापू, मैंने उसे भारत दिया ही कब? मैंने तो उसे क्या अपने पुत्र तक को इंडिया ही दिया है। भारत और इंडिया के संघर्ष में भारत विजयी तो हुआ पर स्वतन्त्र नहीं हुआ। यही कारण है कि भारत से जुड़ी सभी चीजें आज परतन्त्र हैं।

—तुम बहुत निराश हो बालक! निराश मत होओ। हिन्दी चाहे इस देश में

राष्ट्र भाषा न हो पर इस भाषा का राष्ट्र विकसित हो गया है। भारत के बाहर अनेक प्रवासी भारतीय इसे गंगाजल की तरह पवित्र मानते हैं। बालक हिन्दी की ताकत को समझो। हिन्दी की ताकत राजमहलों में नहीं है। जैसे वल्लभाचार्य ने दीनता के पद गाने वाले सूरदास से कहा था कि सूरे होकर काहे घिघियात हो, वैसे ही में तुमसे कहता हूँ कि सूरे होकर मत घिघियाओ। हिन्दी को विकास की भाषा बनाओ पर उसकी गुलाम नहीं। हिन्दी तो अब खूब फल-फूल रही है।

मैंने कहा– हाँ बापू खूब फल-फूल रही है और इसके कारण कुछ लोग भी खूब फल-फूल रहे हैं। हिन्दी की जी डी पी बढ़ गयी है। हिन्दी का बजट बढ़ गया है। हिन्दी सप्ताह से हिन्दी पखवाड़ा और अन्ततः हिन्दी माह तक पहुँच गयी है। हिन्दी के लिए मिला बजट खपाना समस्या हो जाता है। हिन्दी विदेश यात्राएँ करवा रही है, हिन्दी डॉलर में अपनी सेवा करवा रही है। हिन्दी सेवी जो पहले दूर से हवाई जहाज को ललचाई दृष्टि से देखकर प्रसन्न होता था, आजकल उसमें सवार होकर एयर होस्टेस को देखकर प्रसन्न होता है। बापू आप तो जीवन भर रेल की तृतीय श्रेणी में सफर करते रहे पर हिन्दी सेवी हवाई जहाज में सफर करता है एवं सफर (अंग्रेजी का शब्द) कर रही हिन्दी तृतीय श्रेणी में आरक्षण के लिए पंक्ति में खड़ी हो अपनी बारी की प्रतीक्षा करती है।

बापू हँसे और बोले—चलो हिन्दी के नाम पर कुछ तो हो रहा है। हिन्दी सरकारी दृष्टि से उपेक्षित तो नहीं। वो दिन दूर नहीं जब हिन्दी हमारी आत्मा का हिस्सा बन जायेगी और हिन्दी के प्रति हिंसा....

इससे पहले कि बापू अपनों वाक्य पूर्ण करते, एक दुष्ट ने मेरा स्वप्न भंग कर दिया। हिन्दी को लेकर मेरे अनेक स्वप्न भंग हुए हैं, एक ये भी सही।

और में मैनपाट चला गया

पत्नी ने जासूसी अन्दाज में पूछा—क्या चल रहा है?

—कुछ नहीं, यूँ ही...जरा...

—मैं लेखकों के कुछ नहीं, यूँ ही और जरा के बारे में जानती हूँ। तुम्हें लेखन का अनुभव है और मुझे लिखने वाले लेखकों के चोंचलों का। कुछ नहीं लेने का चकमा दे पूरी बोतल डकार जाते हैं। यूँ ही और जरा के चक्कर कहीं भी गोष्ठियाने चल देते हैं। एक सप्ताह तक माला और शाल न मिले तो वरिष्ठ कहलाने वाला सिंहासन डोलने लगता है। चेहरे की रंगत बता रही है, किसी गोष्ठी का निमन्त्रण मिल गया है।

पत्नी ने सही पकड़ा। पर में जाने और न जाने के द्वन्द्व में था।

कई बार आपको जाना होता है और आप नहीं जा पाते हैं। कई बार आपको नहीं जाना होता है और आप चले जाते हैं। सन्त लोग इसे हरि इच्छा, नियति, संयोग आदि कहते हैं। में इसे हाई कमांड की इच्छा कहता हूँ। हाई कमांड चाहे तो आपने मन्त्रीपद भी न सोचा हो पर प्रधानमन्त्री पद भी जाते हैं। आप चुनाव नहीं लड़ना चाहते पर लड़वा दिये जाते हैं। जीवन भर पार्टी के लिए एड़ियाँ रगड़ने के बावजूद आपको पशु तक नहीं समझा जाता है और घास नहीं डाली जाती है। हाई कमांड अफ्तर-दफ्तर, घर-परिवार, साहित्य-वाहित्य आदि में विद्यमान है।

मेरी हाई कमांड मेरी पत्नी है। उसके पास वीटो का अधिकार है। उसके पास अपनी मतलब की हर बात सुनने वाले कान हैं। उसके पास जासूसी आँखें हैं। उसकी इसी प्रतिभा ने मुझसे सवाल किया था।

—मैनपाट जाने का निमन्त्रण मिला है।

—यह किस देश में है?

—अपने ही देश में....

—संस्कृत की हूँ, पर तुम्हारे राजभाषा विभाग वालों से अच्छी अंग्रेजी-हिन्दी

जानती हूँ। मैन का मतलब आदमी होता है और पट का मतलब बर्तन। मतलब कि आदमियों की एय्याशी का बर्तन जिसमें वे जब चाहें मुँह मार सके।

—नहीं देवी, मैनपाट अंग्रेजी का शब्द नहीं है...

—तो क्या हिन्दी का है?

—पता नहीं, वही पता करने जा रहा हूँ।

—वैसे मैं सरकारी विभाग का हिन्दी प्रेम खूब जानती हूँ। लगभग सभी सार्वजनिक स्थलों पर 'थूक' को 'थुक' और 'फूल' को 'फुल' लिखा होता है। कोई अंग्रेजीदां फुल की जगह हाफ तोड़ ले तो हैं हैं हैं कर उस पर न्योछावर हो जाते हैं। जब तक हिन्दी अंग्रेजी मुखड़े से टूटी-फूटी हिन्दी सुन चमत्कृत होती रहेगी, वह राजभाषा की सरकारी कुर्सी पर ही विराजमान रहेगी। मुझे तो लगता है कि मैनपाट भी तुम्हारे किसी सरकारी हिन्दी भक्त का कमाल है जिसने मन का मैन कर दिया पथ का पाट। या फिर धोबी के पाट जैसा मनपाट होगा। क्यों?

—तुमने उचित कहा, देवी! छत्तीसगढ़ वाले ऐसा भ्रम उत्पन्न करने में सिद्धहस्त हैं। इनके यहाँ कोरिया भी है। में वहाँ जाकर तुम्हारी यह व्याख्या प्रस्तुत करूँगा। तुम तो बहुत कुशाग्र बुद्धि हो।

प्रशंसा अच्छे-अच्छों को विनम्र कर देती है। आप पगुरा रही काली भैंस की प्रशंसा करें तो अपनी क्षमता से अधिक सफेद दूध दे आपको नहला देती है। भैंस में अतिरिक्त सौन्दर्य ढूँढ़ना एक कला है। ऐसे कलाकार ही चार फल प्राप्त करते हैं।

पत्नी ने ढीले उदार मन से कहा—जहाँ जाना है जाओ, मुझे क्या?

मैं दूधिया मित्रो से अनेक बार जला हूँ इसलिए जानता था कि पत्नी की सहमति पूर्ण सहमति नहीं है। आपने यदि हवाई जहाज से यात्रा की हो तो जानते होंगे कि घुसते ही आपकी टिकट और आई डी जाँची जाती है। चेक इन पर आपकी टिकट और आई डी जाँच कर बोर्डिंग पास दिया जाता है। बोर्डिंग पास होने के बावजूद यात्रा की गारंटी नहीं होती क्योंकि उसके बाद सुरक्षा जाँच होती है। आप कितने भी वीआईपी हों सुरक्षा जाँच के बिना नहीं जा सकते। वो तो होगी ही। पत्नी की निगाह में बड़े से बड़ा वीआईपी भी दयनीय होता है और फिर मैं तो अदना लेखक हूँ। मुझे बोर्डिंग पास मिल गया था परन्तु सुरक्षा जाँच शेष थी।

उसके पास सहेलियों की विश्वसनीय सुरक्षा व्यवस्था है। यह सब आपस में एक-दूसरे को सलाह देती रहती हैं कि पुरुष लार टपकाऊ, कामी और

अविश्वसनीय जन्तु होता है। यह यदि गर्म तवे पर बैठकर भी शपथपूर्वक कुछ कहे तो विश्वास न किया जाये।

पत्नी ने पुलिसिया शंकित दृष्टि से पूछा—कैसे जा रहे हो?

—यहाँ से रायपुर तक फ्लाइट से वहाँ से अम्बिकापुर 12 घंटे की रेलयात्रा है। अम्बिकापुर से उतना ही जितना देहरादून से मसूरी, डेढ़ घंटे।

—साहित्यिक संस्थाएँ कब से हवाई यात्रा कराने लगीं?

—छत्तीसगढ़ पर्यटन विभाग का निमन्त्रण है।

—पर्यटन विभाग...उसका लेखकों से क्या लेना? उसका लेना तो देशी-विदेशी पर्यटकों से होता है। वही तो उसकी रुपये और डालर से झोली भरते हैं। तुम जैसे भुख्खड़ लेखकों से क्या मिलेगा? तुम लोगों को तो देना ही पड़ेगा। आने जाने के किराये के अतिरिक्त सम्मान का शोल, गले की माला।

—प्राकृतिक सौन्दर्य से युक्त छत्तीसगढ़ का हिल स्टेशन है, पर उपेक्षित है, जैसे हमारी उम्र में अपनी सन्तानों से बुजुर्ग होते हैं। हम यात्रा संस्मरण लिखेंगे, उसके बारे में लिखेंगे, प्रचार होगा। जानती हो वहाँ एक स्थान है—जलजला। पूरे भारत में तो क्या विश्व में ऐसा स्थान नहीं होगा।

—जलजला, जल से जला। लोग तो दूध से जलते हैं। वहाँ क्या दूध की कमी है।

—हे संस्कृत देवी यह उर्दू का शब्द है, जिसका अर्थ होता है भूकम्प। यहाँ एक बड़ा मैदान है। उस मैदान में यदि आप कूदें तो धरती पर कम्पन होता है। कूदता कोई और है और धरती आपकी हिलती है। चाँद में कूदने का आनन्द आता है।

—तुम्हें तो आयेगा चाँद में कूदने का आनन्द। तुम्हारे साहित्य में तो ऐसे जलजले चलते ही रहते हैं और तुम लोग कूदने का आनन्द लेते रहते हो। टीवी के न्यूज चैनल में प्रतिदिन राजनीतिक जलजले देखती रहती हूँ। यह मत सोचना कि तुम्हारे जलजले से डर गयी हूँ, मेरी ऐसे जलजलों में कोई रुचि नहीं है। तुम जाओ मैनपाट।

मैंने सर झुकाकर कहा—जो आज्ञा देवी।

और में मैनपाट चला गया।

दुर्योधन के वंशज

मुझे अपने मामा जी से ज्ञान मिला है कि दिल्ली की सड़कों पर दुर्योधन के वंशजों का शासन है। वो कैसे, आप भी जानिये।

मेरे एक मामा जी हैं। ये वैसे वाले मामा नहीं हैं जो आपको मामू बना दें और ये ऐसे वाले मामा भी नहीं हैं जो मामू बन जायें। वैसे तो मेरे पाँच मामा हैं पर ये उन सबसे अलग हैं इसलिए उनका परिचय में आपसे 'मेरे एक मामा' जी के रूप में करा रहा हूँ। ऐसे मामा आपके चाचा जी भी हो सकते हैं, जीजाजी हो सकते हैं, भाई-भतीजा आदि रिश्ते में कुछ भी हो सकते हैं। मेरे एक मामा जी जैसा आपका दोस्त भी हो सकता है, आपकी पत्नी हो सकती है एवं पति भी हो सकता है। जैसे सत्ता मिलते ही हर दल सरकार जैसा हो जाता है एवं चुनाव-युद्ध के समय चुनाव लड़ने वाला हर योद्धा हाईकमांड एवं मतदाता के सामने भिखारी हो जाता है वैसे ही रिश्ता कोई भी हो वो मेरे एक मामा जी जैसा हो जाता है।

कौरवों और पांडवों के भी एक मामाश्री थे, शकुनि मामा जो पासों के खेल में माहिर थे और दूसरे मेरे मामा जी हैं जो पास से गुजरने वाले को कोंचने में माहिर।

आपने गुलेरी जी की 'उसने कहा था' कहानी पढ़ी है? इस कहानी के आरम्भ में, अमृतसर की गलियों में टाँगा चलाने वाला, हर आने-जाने पर, चाहे वो सुने न सुने, नॉन स्टॉप टिप्पणियाँ करता है। मेरे ये एक मामा जी भी वैसा ही करते हैं। उन्हें दूसरे के फटे में टाँग घुसेड़ने में आनन्द आता है। वे हर उस चीज पर बिन माँगे सलाह देते हैं, टिप्पणी करते है, टोकते हैं—जो उनकी दृष्टि में गलत है। कोई ऐसे क्यों खड़ा है, कोई वैसे क्यों खड़ा है। किसी ने कार इधर क्यों पार्क की है, किसी ने कार उधर क्यों पार्क की है। उसकी लड़की ऐसे कपड़े क्यों पहनती है, उसकी लड़की वैसे कपड़े क्यों पहनती है। न न न इसे आप भारतीय प्रजातन्त्र के 'महत्त्वपूर्ण' हिस्से, विरोधी दल, की दृष्टि जैसा न समझें, वे तो अधिकांशतः आँख मूँद विरोध के लिए विरोध करते हैं पर हमारे मामा

जी खुली आँखों का विरोध करते हैं। अवसर मिलते ही उनकी कोंच-दृष्टि सजग हो जाती है और इस दृष्टि पथ पर जो भी आता है, कोंचा जाता है। उनके कोंच-बाण अधिकांशतः अलक्षित होते हैं। वे तो लगातार बाण छोड़ते जाते हैं। ये दीगर बात है कि जिसे वो अपनी कोंच-वाणी से कोंचते है, वो कम कुँचता है, सुनने वाला अधिक।

मेरे मामा जी मध्य प्रदेश के अति पिछड़े गाँव, पिछाड़ा, में रहते हैं पर आप उन्हें गँवार भी कहने की गलती न करें। वे कभी-कभी मेरे पास शहर में ऐसे ही आ जाते हैं जैसे प्रजातन्त्र में चुनाव आते हैं और जैसे चुनाव अच्छे से अच्छे गँवार को उसके मूल्य का अहसास करा उसे चतुर-सुजान कर देता है वैसे ही मेरे एक मामा जी भी हो गये हैं। भारतीय प्रजातन्त्र की यह खूबी है कि उसने सत्ताधारियों को इस देश की भाषाओं और संस्कृति का कम से कम चुनाव के समय सम्मान करना सिखा दिया है। किसी धार्मिक की निगाह में चाहे सब बराबर हों या न हों, उसके सत्संग में वीआईपी दर्शन के अलग मानदंड चाहे हों या न हों पर प्रजातन्त्र में सभी के मत का एक ही मूल्य है। यहाँ हिन्दू, मुस्लिम, सिक्ख, ईसाई आदि सब बराबर हैं। गाँव के गँवार के मत का भी वही मूल्य है जो शहर के अमीरजादे का। बल्कि कहूँ तो अधिक मूल्य है। अमीरजादे के चन्दे के आगे आप बिकते हैं पर गँवार की झोंपड़ी में सर झुकाए घुँसने को विवश होते हैं।

मैं भी किस पचड़े में पड़ गया। व्यंग्य लेखक में खराबी यही है, बात हिन्दुस्तान की अर्थव्यवस्था की करता है और पहुँच अमेरिका के द्वार जाता है। रक्षक पुलिस की बात करते हुए भक्षक पुलिस की बात करने लगता है, देशसेवक नेता की बात करते हुए किसी 'स्वयंसेवक' भ्रष्टाचारी की बात करने लगता है। और तो और, जब जब धर्म की हानि होने पर अवतरित होने वाले प्रभुओं की बात करते हुए उनके आश्रम के शयनकक्ष की चर्चा करने लगता है। बहुत बहकता है व्यंग्यकार। हे व्यंग्यकार भैया! तुम तो कोल्हू के बैल की तरह उस मार्ग पर चलो जो तुम्हें दिखाया जा रहा है, काहे इधर-उधर ताक झाँक करते हो। ज्यादा ताका झाँकी करोगे तो लेखकीय बिरादरी से बाहर कर दिये जाओगे, हुक्का-पानी बन्द हो जायेगा।

तो मित्रो!

मामा जी को पता चला कि मैंने नयी कार ली है तो आ गये दिल्ली मुझे बधाई देने। मेरे पड़ोसी ने कार देखी तो बधाई नहीं दी अपितु बहुमूल्य सुझाव दे डाले—आपने ये कार क्यों ली वो ले लेते, थोड़ी महँगी ही तो थी...आपने सी एन जी क्यों नहीं ली...आपने इसका हायर मॉडल क्यों नहीं लिया...आपने उस

बैंक से कार लोन क्यों नहीं लिया... आदि आदि। यानि उन्होंने बधाई के स्थान पर सलाह दी और मुझे मूर्ख सिद्ध किया जबकि मेरे मूर्ख मामा जी गाँव से बिना अपने बजट की चिन्ता किये बधाई देने दिल्ली के लिए रवाना हो गये।

मेरे एक मामा जी, मेरी इकलौती कार में दिल्ली की सैर करने को बहुत उत्सुक थे। वे ऐसे उत्सुक नहीं थे जैसे साहित्यकार पुरस्कार पाने को, देवता स्वर्ग से फूल बरसाने को, आधुनिक बाबा आपकी माया को अपनी बनाने को, बाजार आपकी जेब हल्की करने आदि को उत्सुक होते हैं अपितु वे वैसे उत्सुक थे जैसे गरीब अपनी गरीबी मिटाने को, बच्चा नया खिलौना पाने को, बुजुर्ग नैतिकता का पाठ पढ़ाने को होते हैं। कार में बैठने से पहले मामा जी ने कार का नख-शिख सौन्दर्य पान किया और एक स्वाभाविक प्रसन्नता उनके चेहरे पर खेल रही थी।

मैंने मामा जी को जैसे ही अपने साथ वाली सीट पर बैठाया और कार स्टार्ट की, उनकी कोंच-दृष्टि सजग हो गयी एवं कोंच-वाणी सक्रिय। हर आने-जाने वाले को वे अपने कोंच-बाणों का निशाना बनाने लगे। दिल्ली की सड़कों पर ड्राइव करते समय अच्छे-अच्छे की कोंच वाणी सक्रिय हो जाती है, फिर वो तो मेरे मामा जी थे।

—अरे मरेगा क्या...बाप ने पैदा कर मरने के लिए छोड़ दिया है क्या...सड़क तेरे बाप की है क्या...अरे अन्धा है क्या...अरे बहरा है क्या...? कोई कार तेजी से, बायीं ओर से गुजरती या फिर मुझे अचानक ब्रेक मारनी पड़ती तो उनके मुँह से निकलता—हरि ओम!

मामा जी औरों को ही अपनी वाणी से कृतार्थ नहीं कर रहे थे अपितु मुझे भी बीच-बीच में कृतार्थ करते जा रहे थे—अरे मुन्ना सँभल के...अरे देख लाल बत्ती आने वाली है...अरे साइकिल वाले को बचा कर चल...ब्रेक मार। में तो जब आवश्यकता हो रही थी तब ब्रेक लगा रहा था पर मामा जी मेरे साथ वाली सीट पर बैठे बिना ब्रेक के पैरों से हवा में ब्रेक लगा रहे थे।

एक ट्रैफिक लाइट पर रुका तो, कभी दायें से और कभी बायें से जिक-जैक करते हुए मोटरसाइकिलों और स्कूटरों ने मेरी कार के आस-पास जैसे झुंड-सा बना लिया।

—सब साले दुर्योधन के वंशज हैं...

—दुर्योधन के वंशज, कौन? में समझा नहीं मामा जी!

—ये मोटर बाइक और स्कूटर वाले।

—वो कैसे?

—अरे, तुझे याद है न—महाभारत युद्ध से पहले कृष्ण, दुर्योधन के पास,

शान्ति प्रस्ताव लेकर गये थे कि वह पांडवों को पाँच गाँव ही दे दे। तब दुर्योधन ने कहा था कि में एक इंच जमीन भी न दूँगा। ये मोटर बाइक और स्कूटर वालों को तूने देखा...एक इंच जमीन भी नहीं छोड़ते हैं। जहाँ खाली स्थान देखा वहाँ अपनों वाहन घुसेड़ दिया। और देख अभी लाल बत्ती होने में 20 सेकेंड है पर सभी धीरे-धीरे घूं घूं करते आगे बढ़ रहे हैं कि यह जगह दूसरे को न मिल जाये।

तभी किसी ने लाल बत्ती के बावजूद पीछे से ही हॉर्न दे दिया तो मामा जी उच्चारे–अरे तू क्यों शंखनाद कर रहा है, अभी युद्ध होने में 10 सेकेंड का समय शेष है।

–मामा जी, बड़े शहरों में दूरियाँ बहुत होती हैं, सबको पहुँचने की जल्दी होती है। यह कहकर मैंने कार आगे को बढ़ाई। इतने में बायें से एक बाइक वाले ने लगभग मेरी कार को छूते हुए तेजी से निकलने के लिए मेरी कार के आगे से आया तो लगा जैसे आत्महत्या के मूड में है। मैंने जोर से ब्रेक लगाई और उसने एक्सीलरेटर पर पाँव दबाया। मामा जी बोले–हरि ओम! मैं इस होने वाले हादसे से स्वयं को बचा अनुभव कर सन्तोष की साँस लेता कि इतने में एक और बाइक सरसराता हुआ मेरे आगे से निकल गया। और दुर्घटना बचाने को रुकी मेरी कार को मेरे पीछे के वाहनों ने पौं पौं कर सड़क-पथ पर चलने को धकेलित किया।

–ये बाइक वाले तो साले सारे नाग हैं। कैसे सरसराते हुए, बलखाते हुए निकल जाते हैं। इनके लिए तो कोई जनमेजय पैदा होना चाहिए।

–मामा जी, आपने तो दिल्ली की सड़कों को कुरुक्षेत्र का मैदान जैसा बयान कर दिया है। महाभारत के सारे पात्र आपने...

–मैंने क्या बनाया, तुम्हारे दिल्ली जैसे शहर की हर सड़क कुरुक्षेत्र का मैदान है। रोज पढ़ते-सुनते हैं कि सड़कों पर कभी हथियारों से और कभी वाणी से युद्ध लड़े जाते हैं।

सही ही कहा मामा जी ने कि दिल्ली जैसे महानगरों की सड़कें दुर्योधन के वंशजों से पटी पड़ी हैं। प्रतिदिन कहीं न कहीं महाभारत के लघु संस्करण खेले जाते हैं। एक अव्यवस्थित व्यवस्था में हम रोज जीते हैं और रोज ही मरते हैं।

हे पोंगापन्थी!

जितने प्रभु हैं उतने ही प्रभु तक पहुँचने के पन्थ हैं। हर पन्थी का प्रभु श्रेष्ठ होता है और उसे श्रेष्ठता की भावना से ही देखा जाता है। प्रभु धर्म, साहित्य, राजनीति, फिल्म, अफ्तर-दफ्तर, न्यायालय, थाने आदि में विद्यमान हैं। एक और पन्थ है—पोंगा पन्थ। इसके पन्थी भी प्रभु की तरह हर पन्थ में विद्यमान हैं। पोंगापन्थी स्वर्णिम अतीत के नशे में रहता है और वर्तमान को कोसता रहता है।

पत्नी ने प्रातः निमन्त्रण दिया, 'आ जाओ, बेड टी टेबल पर लगा दी है।'

हम बेड टी बिस्तर पर नहीं कुर्सी पर बैठ कर पीते हैं। सर्दी का सर्द मौसम हो तो 'आवश्यकतानुसार' टी बेड पर भी पी लेते हैं। जैसे हमारे धार्मिक, सामाजिक आदि नेता अधिकांश सेवा वातानुकूलित कमरों में करते हैं परन्तु चुनाव के मौसम में सेवा, आवश्यकतानुसार, झुग्गी झोंपड़ी में भी कर लेते हैं।

मेरे मुँह में ब्रश था अतः मैंने पेस्ट भरे मुँह से कहा—बस आया।

पर में टेबल पर आ नहीं सका, फोन आ गया। बहुत सुबह या बहुत रात के फोन-कॉल मुझे बहुत भयभीत करते हैं। सुबह का समय फोन की कॉल का नहीं अन्य आवश्यक दैनिक प्राकृतिक क्रिया का 'काल' होता है। इस समय छोटा-बड़ा, अमीर-गरीब, नर-नारी, मन्त्री-संत्री आदि सब एक ही क्रिया में व्यस्त होते हैं। सुबह के फोन में दूसरी ओर से, या अपनी ओर से, फ्लश चलने जैसा पार्श्व संगीत भी सुनने को मिल जाता है।

फोन करने वाला मेरे युवा मित्र था और उसके स्वर में नाराज़गी थी—ये क्या करते हैं सर आप! युवा पीढ़ी की इतनी उपेक्षा मत करें। मैंने कल आपको वाट्सऐप पर जरूरी मेंसेज किया, फिर फेसबुक पर आपकी वॉल पर भी लिखा और आपने अभी तक कोई जवाब नहीं दिया?

—मैं बहुत कम वाट्सऐप आदि देखता हूँ, फोन कर देते तो अच्छा था।

—नये जमाने से जुड़िए सर, नहीं। तो साहित्य में पिछड़ जायेंगे। यह

कलम-दवात का युग नहीं है। कछुए ने एक बार ही रेस जीती थी। खरगोश बनिये। आपकी जो भी रचना छपे उसकी सूचना वाट्सऐप के सभी ग्रुप, फेसबुक आदि पर पोस्ट किया करें। दुनिया तो रात-दिन जलेबी खाने से लेकर अस्पताल के बिस्तर पर नर्स से इलाज कराने तक की पोस्ट डालती है। कुछ तो अपने हगने-मूतने....

मैंने टोका—क्या जरूरी मेंसेज था बतायें...

—उसे पढ़ने में ही मजा आयेगा। और यह कहकर उसने मुझ अरसिक का फोन काट दिया। मैंने फोन को टेबल पर रखा और हाथ में चाय का प्याला पकड़ा।

हम दोनों ने सुबह की चाय का आनन्द लिया, चाय पर कोई चर्चा नहीं की। हम दोनों पति-पत्नी हैं राजनीतिज्ञ नहीं जो चाय को भी चर्चा के लिए पीएँ।

सुबह की चाय के बाद मैंने अखबार सँभाला और मेरी पत्नी ने अपनों स्मार्टफोन। मैंने व्यंग्य किया—सुबह-सुबह फेसबुक पर हो गयी शुरू आधुनिक नारी!

पत्नी ने टेढ़ी आँख से व्यंग्योत्तर दिया—और तुम अखबार पर हो गये शुरू, पोंगे हो पोंगे रहोगे, पोंगापन्थी!

—अखबार से ज्ञान बढ़ता है, देश दुनिया की खबरें मिलती हैं।

—क्या खबरें मिलती हैं? खबरें वही होती हैं बस आँकड़े बदले होते हैं। आतंकवादियों ने ब्लॉस्ट किया, गोली चली, गैंगरेप हुआ, दलित मरे...किसान ने आत्महत्या की...चैनलों पर मुर्गे लड़ते हैं...तुम्हारे समय में 100 किसान मरे थे और हमारे काल में तो बस 50 मरे हैं...। फेसबुक और वाट्सऐप पर ताजा चटपटे समाचार मिलते हैं, बनाये जाते हैं। युवा पीढ़ी की बात मानो, पोंगा-पन्थ छोड़ो और सोशल मीडिया का मॉडर्न पन्थ पकड़ो।

पत्नी के आगे कोई तर्क नहीं चलता है, चलता है तो जुड़ा हुआ हाथ कि बाबा माफ करो। मैंने भी, बाबा माफ करो के अन्दाज में हाथ जोड़ दिये।

मेरी माँ सुबह की चाय के बाद नहा-धोकर प्रभु भजन को तेयार होती थी। मेरी माँ की अँगुलियाँ माला फेरा करती थीं और उनका जुग ऐसे ही बीता। मेरी पत्नी की अँगुलियाँ मोबाइल स्क्रीन के फेर में रहती हैं और कह नहीं सकता कि उसका जुग कैसे बीतेगा? नयी-नयी तकनीक आ रही है और बहुत जल्दी आपके मस्तिष्क में चिप फिट हो सकती है जो आपके सोचने भर से काम करेगी। आपकी अँगुलियाँ मुक्त हो जायेंगी जिन्हें कहीं भी फेरने को आप स्वतन्त्र होंगे जैसे प्रजातन्त्र में स्व तन्त्र के लिए किसी का भी दिमाग फेरने को आप स्वतन्त्र हैं।

मैं सुबह का अखबार पढ़ने को स्वतन्त्र हूँ और मेरी पत्नी फेसबुक-फेसबुक खेलने को स्वतन्त्र हैं। आप इस भ्रम में न रहें कि में बूढ़े खूँसट सत्तर वर्ष के

नेता जैसा हूँ जो आधुनिक युग में बेकार माल मान लिया गया है और अपनी अक्षमता और कुढ़न छिपाने के लिए नयी तकनीक को गालियाँ देता रहता है। हम भी फेसबुक और वाट्सऐप जैसी 'जन्नत' की हकीकत जानते हैं और हम भी दिल बहलाते हैं। हम भी जानते हैं कि फेसबुक पर मेरी पत्नी जैसी अनेक नायिकाएँ हैं जो विचरण करती रहती हैं। न न न आप नाराज न हों, जानता हूँ कि आप जैसे नायक भी फेसबुक की शोभा बढ़ाते हैं। पोंगापन्थी समय में महिलाओं को नाटकों में काम करने का अधिकार नहीं था जो कुछ नाटक-वाटक उनको करना होता था घर के मंच पर ही करना होता था। सास-बहू नाटक, ननद-भाभी नाटक आदि बहुत प्रसिद्ध हुआ करते थे। घर के बाहर होने वाले नाटकों में स्त्री की भूमिका पुरुष ही निभाते थे।

जब शादी हुई तो मेरी पत्नी मेरी हीरोइन थी और में उसका हीरो। दोनों प्रौढ़ हो गये हैं अब न वह मेरी हीरोइन है और न में उसका हीरो। मेरे मित्र का कहना है कि इस उम्र में चाहे आप दुनिया की निगाह में कोई पति कितना ही बड़ा हीरो हो पत्नी की निगाह में नहीं होता। पत्नी आपकी सब कमजोरियाँ जो जानती है।

मेरी पत्नी आजकल फेसबुक नायिका है। रीतिकाल में तरह-तरह की नायिकाओं का वर्णन है। फेसबुक पर अनेक नायिकाएँ विचरण करती हैं। मुग्धा नायिकाएँ हर पल फेसबुक के आईने में देखती हैं कि वे कितनी सुन्दर हैं। अपनी अनेक अदाओं की फोटो प्रतिदिन लाइक करने के लिए चस्पा कर देती हैं। परकीया दूसरे के कहे को कट पेस्ट करती रहती है। स्वकीया लाभ के पद वालों के प्रति पवित्र भाव रखती है। अभिसारिका दिन-रात भ्रमण करती रहती है। निशाचरी आधी रात को शिकार ढूँढ़ती है कि कोई दिखे और उसे वह धर ले। दिवासरी दिन में शिकार ढूँढ़ती है। वासकसज्जा अपनी पोस्ट को नित्य प्रति सजाती रहती है। विरहोत्कण्ठिता कुछ पल के लिए भी फेसबुक से दूर हो तो आँसुओं की बाढ़ ले आती है। खण्डिता खण्ड-खण्ड में विचरण करती है। सज्जन स्वयं को गर्व से हिन्दू कहते हैं और गर्विता गर्व से फेसबुक पर विचरती है। अपने गर्व पर सवाल करने वाले को अनफ्रेंड कर देती है। स्वाधीनपतिका अपने स्वामी का ही गुणगान करती है तथा प्रतिदिन अपने गिरधर के भजन पोस्ट करती है। मानवती रूठी रानी-सी होती है जो मान मनोवल से प्रसन्न होती है।

मित्रो, जैसे प्रभु एक हैं और उनके रूप अनेक हैं वैसे ही फेसबुक एक है उसकी नायिकाएँ अनेक हैं। में तो पोंगापन्थी अज्ञानी हूँ, आप आधुनिक ज्ञानी अपने-अपने ज्ञान से नायिकाओं की खोज करें। में अपनी नायिका को सँभालता हूँ।

हिन्दी के 'मारग'

हिन्दी सेवी में, हिन्दी के 'मारग' पर चल रहा था। (संवैधानिक चेतावनी : मारग शब्द का मारक शब्द से कोई लेना-देना नहीं है। हिन्दी के सन्त सेवी चाहें तो इस चेतावनी के बावजूद ले-दे सकते हैं।) उन्होंने मुझे रोक लिया। वे मुझे रोक सकते थे, क्योंकि उनके पास हिन्दी के यातायात प्रबन्धन का सरकारी अधिकार था। वे 'मारग' या 'मार्ग' पर जाने वाले किसी भी व्यक्ति को रोक सकते हैं और नियम उल्लंघन का दोषी करार दे चालान काट सकते हैं। उनके पास यह भी अधिकार है कि वे हिन्दी के किसी भी मार्ग को बन्द कर दें या खोल दें। वे आपको हिन्दी सेवा के लिए दूसरा 'रूट' (रूट का अर्थ जड़ न लें) निर्धारित कर सकते हैं और आपका मार्ग बदल सकते हैं।

वे हिन्दी के यातायात निरीक्षक हैं। यह क्या होता है? सरल हिन्दी में इसे क्या कहते हैं? मित्रो, अभी तो हिन्दी दिवस, हिन्दी सप्ताह, हिन्दी पखवाड़ा और हिन्दी माह चल रहे हैं। जितना जिसका बजट है वह हिन्दी को उतने ही दिन मना रहा है। शुद्धता का दौर है। जैसे इसमें देश नवरात्र के समय शुद्धता का दौर आता है। मांसाहार बन्द हो जाता है, दाढ़ी बढ़ने लगती है। ऐसे में पापी भी पाप त्याग देते हैं। हिन्दी के नवरात्रों में आप मुझसे पाप क्यों करवाना चाहते हैं। चलिए आप जिद्द करते हैं तो आपके कान में बता देता हूँ। सरल हिन्दी में इसे ट्रैफिक इंस्पेक्टर कहते हैं।

इस समय तो हिन्दी बूढ़ी माँ-सी ड्राइंग रूप में सजी हुई है। हिन्दी के पुत्रों ने आलीशान दावत का प्रबन्ध किया है। हिन्दी के अतिथि आ रहे हैं। अतिथि आते हैं, बैठक में सजी माँ को आसन पर विराजे देखते हैं और उसके चरण स्पर्श करते हैं। चरणों पर पुष्प अर्पित हो रहे हैं। माँ के माध्यम से पुत्र से कुछ और बहुत कुछ पाने की चाह में चरण धूलि माथे पर लगाई जा रही है। सेल्फी का दौर चल रहा है। बूढ़ी माँ घिरी हुई है। स्तुति काल चालू आहे! अचानक हिन्दी

पुत्र को लगता है कि माँ थक गयी है। पुत्र को लगे तो माँ को थकना ही पड़ता है। सेवक को आदेश दिया जाता है कि माँ को उसके कमरे में छोड़ आये। आप तो जानते ही हैं कि माँ का कमरा घर का स्टोर रूम है। और इसके बाद...हिन्दी का डी जे आरम्भ हो जाता है। कब्जीयुक्त हिंडी नृत्य करती है, सोमरस पीती है और चिंघाड़ती है।

तो, हे मित्रो! यातायात निरीक्षक ने मुझे रोक दिया।

—तुम कौन?

—मैं हिन्दी सेवी।

—इतनी तेजी से कहाँ जा रहे हो?

—हिन्दी के 'मारग' पर जा रहा हूँ।

—हिन्दी का 'मारग', मैंने सुना नहीं कभी। यह कहाँ है?

—हिन्दी का मारग सूधो है, जहाँ नेकू सनायप बांक नहीं।

—अब ये कौन-सी भाषा में बोलने लगे।

—मैं हिन्दी में ही बोल रहा हूँ, यह सूरदास की भाषा है।

उसने कुछ चिन्तन किया—सूरदास की भाषा यानि अन्धों की भाषा, ब्रेल भाषा है।

—सूरदास मतलब कवि सूरदास।

—पर हमने तो प्रशासन में यह भाषा पढ़ी नहीं।

—तुम कौन-सी पाटी पढ़े हो लला?

उनके चेहरे पर मेरा चालान करने का भाव आ गया और वे कानूनी सख्ती से बोले—तुम ऐसी भाषा बोलकर मुझपर धौंस जमाना चाहते हो, जैसे यातायात का नियम तोड़कर पकड़े जाने पर, कोई मन्त्री-सन्त्री के पव्वे की धौंस जमाता है।'

मैंने चालान-संकट देखकर विनम्र हिन्दी में कहा—मैं हिन्दी का अदना-सा सेवी क्या धौंस जमाऊँगा। में तो गरीब की जोरू हूँ।'

—तो वही रह न, अमीर की सास क्यों बन रहा है? उसने डंडा कसकर हाथ में पकड़ा उसका एक अन्दाज में सदुपयोग करने की मुद्रा बनाई और उच्चारा —मुझे उलझा मत, सीधी भाषा में बात कर। नहीं। तो मैं कानून की सीधी भाषा में सब समझा दूँगा।

मैं हिन्दी सेवी गिड़गिड़ाने लगा—हे यातायात निरीक्षक! मैं एक तुच्छ हिन्दी सेवी हूँ और हिन्दी के सीधे मार्ग पर जा रहा हूँ। कृपया हिन्दी के इस सीधे मार्ग पर जाने की अनुमति दें।

—सीधा मार्ग तो राजपथ का होता है, हिन्दी का मार्ग तो वह नहीं।

—हे यातायात निरीक्षक! हिन्दी का यह मार्ग पगडंडी का मार्ग है और सीधा सरल है। इसके बायीं ओर भी हिन्दी सेवी हैं और इसके दायीं ओर भी हिन्दी सेवी हैं। इस मार्ग के दोनों ओर अनेक दुकानें खुली हुई हैं। इस सीधे मार्ग में गति नियंत्रित रहे, इसलिए यातायात पुलिस ने अवरोध भी बनाये हुए हैं। इन अवरोधों के कारण हिन्दी झिंगा-पींगा करती जाती है। क्या मैं इस मार्ग पर जाऊँ?

इस बीच उन्हें कोई हिन्दी का लाखों रुपये का सम्मान पाया हिन्दी का मालदार सेवी दिख गया, उन्होंने मुझ गरीब का त्याग किया और अपने कर्तव्य पथ पर बढ़ चले।

कितने अच्छे हैं, आप!

शीर्षक पढ़कर, पाठक चुनाव के दौरान किसी मतदाता-से, दिग्भ्रमित न हो जायें, अतः आरम्भ में संवैधानिक चेतावनी—इस आलेख का किसी दल की दलदल अथवा दलबदल से कोई लेना-देना नहीं है। न ही में लेखक, पार्ट टाइमर के रूप में, किसी पार्टी का घोषणा-पत्र लिख रहा हूँ। नक्कालों से सावधान, 'आप' सर्वनाम हैं, संज्ञा नहीं। आपका हिंडी वीक है, आपको 'सेंग्या' 'सरवनाम' नहीं जानता, तो कोई पार्टी बना लीजिए, देश सेवा कीजिए और मेंवा पाइए। पर इतना जानिये कि इस लेख में आप अकेले आप हैं कोई दल नहीं।

मैं चिन्ता में रहता हूँ, वे नहीं रहते हैं। मेरे चेहरे पर चिन्ता की टमाटरी, प्याजीय, दालीय आदि अनेक रेखाएँ खेलती रहती हैं और उनके चेहरे पर रेखा ही नहीं है। अपने आसपास की मूल्यहीनता देख में अवसाद में आ जाता हूँ पर वे नहीं आते हैं। वे सदा ही, प्रभु समान अचिंत्य और निर्लिप्त मोमजामें-से, 'स्थितप्रज्ञ' रहते हैं। में जब भी अवसाद में होता हूँ उनकी शरण में जाता हूँ। इस बार भी गया।

मैंने कहा—प्रभु बचपन में अज्ञात भूतों-पिशाचों से भय लगता था आजकल मेरे आसपास मित्र, सगे-सम्बन्धी रूप में ज्ञात भूत-पिशाचों से भय लगता है। किसी की आलोचना भर कर दो तो वह शत्रु हो जाता है। सड़क पर किसी को ट्रैफिक का सही नियम बताओ तो गोली मार देता है। माँ-बाप बच्चों को सही सलाह दें तो उन्हें वृद्धाश्रम भेज दिया जाता है। इस कारण में प्रतिदिन चिन्तित रहता हूँ और कभी-कभी पिटता हूँ पर प्रभु आप तो चेहरे पर निश्चिन्त मुस्कान लिए इन भूतों-पिशाचों से विहीन दिखते हैं।'

प्रभु मुस्कराए और उवाचे—बचपन में अज्ञात भय से मुक्त होने के लिए तुम्हें एक मन्त्र दिया गया होगा—भूत पिशाच निकट नहीं आवें, महावीर जब नाम सुनावें। आज का मन्त्र है—भूत पिशाच निकट नहीं आवें, कितने अच्छे हैं आप

जब मन्त्र सुनावें। तुम्हें लग रहा होगा कि छन्द भंग हो गया पर जीवन में भंग छंद ही ज्ञात भूत-पिशाचों से निपटने और लय लाने में कारगर होता है। इस मन्त्र के प्रभाव से समदृष्टि प्राप्त होती है और चहुँओर अच्छा ही नज़र आता है। '

—भूत-पिशाच भी अच्छे नज़र आते हैं?

—भूत-पिशाच ही नहीं प्रेत-प्रेतिनी, डाक-डाकिनी आदि कोई भी, सब अच्छे नज़र आने लगते हैं और मित्रवत व्यवहार करते हैं।

—पर यह तो अच्छे नहीं हैं, फिर कैसे अच्छे नज़र आने लगते हैं, प्रभु!

प्रभु मुस्कराए। जब भी जीव मूर्खतापूर्ण अथवा ज्ञानविहीन बात कहता है तो उसे ज्ञान देने और उसकी मूर्खता को दूर करने के लिए प्रभु मुस्कराते ही हैं। मेरे प्रभु भी मुस्कराए और बोले—इसके लिए तुम्हें अपनों सौन्दर्य-बोध बदलना होगा बालक! जैसे भ्रष्टाचारी को चहुँओर केवल भ्रष्टाचार, नेता को चहुँओर केवल कुर्सी, साहित्यकार को चहुँओर केवल पुरस्कार/सम्मान आदि दृष्टिगत होता है वैसे ही तुम्हें चहुँओर केवल सौन्दर्य देखना होगा। जैसे हर जीव में एक ही आत्मा है वैसे ही तुम्हें हर जीव में सौन्दर्य देखना होगा।

—पर जो सुन्दर नहीं है उसमें सौन्दर्य कैसे देखा जा सकता है प्रभु?'

—जो सुन्दर है उसमें तो सभी सौन्दर्य ढूंढ़ लेते हैं पर जो सुन्दर नहीं है उसमें सौन्दर्य ढूँढ़ना ही जीवन को सुन्दर बनाने का मन्त्र है। सूर्य को दीपक दिखाने से क्या लाभ। लाभ तो तब मिलेगा जब अँधेरी रात को चाँद दिखाओगे। चाँद न मिले तो मोमबत्ती से भी काम चल जायेगा। देखना जिस अँधेरे से तुम्हें भय लगता है वह कैसे तुम्हारा मित्र बन जाता है। कीचड़ में खिले कमल के सौन्दर्य का तो सभी आलींगन करते हैं और कमल अपने सौन्दर्य में इतराता सबको तुच्छ समझता है। कमल में तो कोई भी सौन्दर्य ढूँढ़ सकता है, तुम कीचड़ तथा विष्टा में सने सूअर में सौन्दर्य ढूँढ़ो। देखो सूअर कैसे तुम्हारे चरण ढूँढ़ता है। तुम भरी सभा में भाषण देते हुए विषय की वासना से बचो क्योंकि विषय पर तो सभी बोलेंगे। तुम तो सभागार में बैठे उन भूत-पिशाचों की उपस्थिति का चुन-चुनकर बृहद्द गुणगान करो जो विभिन्न लाभप्रद पदों पर आसीन हैं। अपनी वाणी में इतनी मिठास रखो कि सुनने वाले को शुगर हो जाये और तुम्हारे मीठे वचनों के लिए तरसता रहे। उसे ज्ञान भी हो कि मीठा उसकी सेहत के लिए हानिकारक है, फिर भी वह तुम्हारी परिक्रमा करता रहे। उसे अपनी मीठी वाणी के नशे में ग्रस्त करो। ध्यान रखो कि हर पुरुष में फिल्मी हीरो और हर नारी में हीरोइन दिखने की उत्कट लालसा होती है। तुम हर बेढंगे पुरुष में हैंडसम और डैशिंग हीरो देखो और हर बेढोल नारी में विश्वसुन्दरी। तुम हर कुंठित और महत्त्वाकांक्षी

साहित्यकार को साहित्य अकादमी पुरस्कार योग्य वर्णित करो और हर बाहुबली नेता को प्रधानमन्त्री पद के योग्य। तुम स्वार्थी बेटे में श्रवणकुमार देखो और घरतोड़ बहू में बेटी ढूँढ़ो। तुम लम्पट पति में राम की मर्यादा ढूँढ़ो और छिनाल पत्नी में सीता की पतिव्रता।

—इस दृष्टि से संसार में कुछ भी गलत नहीं दिखाई देगा, प्रभु!

—तभी तो भूत-पिशाच भी तुम्हें सुन्दर लगेंगे और उनसे हानि का भय नहीं लगेगा।

—पर इसके लिए तो आत्मा को मारना पड़ेगा प्रभु!

—मरी हुई आत्मा ही मूल्यवान होती है, अबोध बालक! जैसे मुँहावरे में मरा हुआ हाथी सवा लाख का होता है वैसे ही जीवन में मरी हुई आत्मा मूल्यवान होती है। मरी हुई आत्मा के कारण ही मूल्यवान पद, पुरस्कार, ठेका, न चुकाने वाले बैंक ऋण आदि प्राप्त होते हैं।

—पर प्रभु मुझ व्यंग्यकार से यह न होगा।

—पर कुछ से तो हो रहा है। लगता है तुम कबीरपन्थी हो। रोना तुम्हारी नियति है। तुम तो इस मन्त्र का जाप करो—

सुखिया सब संसार है, खावे अरु सोवे
दुखिया दास कबीर है, जागे अरु रोवे।

लीला चालू आहे

भारत देश में आने वाले दिन धर्म से ओत-प्रोत होने वाले हैं। इतने ओत-प्रोत होने वाले हैं कि प्याला तो क्या चीज है, सूखी गगरिया भी छलकने लगे। जिसकी गगरिया में पिछले चुनाव से धर्म का सूखा पड़ा है वो भी छलकने का रिकार्ड तोड़ने वाली है। चारों ओर उत्सवों एवं त्योहारों के माध्यम से धर्म की धूम मचने वाली है। जन्माष्टमी, दुर्गा-पूजा, दशहरा, दीवाली, गुरुपर्व आदि के माध्यम से बाजार सजने वाला है तथा सीमा से चाहे हमने चीन को पीछे हटने पर मजबूर कर दिया हो, बाजार के माध्यम से चीन हमारे बाजार में 'शानदार' घुसपैठ करने वाला है। चाहे शेयर बाजार का सूचकांक और रुपया लुढ़क रहा हो धर्म का सूचकांक नयी ऊँचाइयाँ छूने वाला है। इसमें सोने पे सुहागा या कहें उत्प्रेरक का काम, देश में आने वाले चुनाव करने वाले हैं। जैसे चुनाव का मौसम होता है, वैसे धार्मिक होने का भी मौसम होता है। इस समय जब देश की राजनीति की हर दिशा और सोच आने वाले चुनाव तय कर रहे हैं तो उत्सव और त्योहारों से जुड़े धर्म की दिशा आम चुनाव क्यों नहीं तय कर सकते?

ऐसे धार्मिक वातावरण में प्रभु के दौरे बढ़ने वाले हैं तथा निष्काम प्रभु का काम बढ़ने वाला है। वे भक्तों पर कृपा करने और दुष्टों को दंड देने के लिए सक्रिय होने वाले हैं। प्रभु की शरण में आम आदमी ही नहीं खास आदमी भी जाने वाला है। सभी को प्रभु स्मरण आने वाले हैं। बस चुनाव का वसन्त आने दीजिए, सभी के हृदय में धर्म रूपी पुष्प स्वयं खिल जायेगा। चारों ओर धर्म की हानि ही दृष्टिगत होगी। प्रभु के नाम-स्मरण रूपी कोयल चहुँ दिशि कूकेगी।

जब भी प्रभु के दौरे बढ़ते हैं और वो कुछ लीला रचते हैं तो मेरे स्वप्न में आ जाते हैं। मेरे पाठक जानते ही हैं कि इससे पूर्व वे अनेक बार मेरे स्वप्नों में आ चुके हैं। प्रभु स्वप्न में मेरी इच्छा के विरुद्ध अनिमन्त्रित ही आते हैं और जाते समय, मेरी इच्छा के विरुद्ध दुःस्वप्न भी दे जाते हैं। भारत जैसे महान देश

में चाहे सत्ताधारी घोटाले करना छोड़ दें, सरकारी दफ्तर बिना सेवा शुल्क लिए काम करने लगें, पुलिस अपराधियों के स्थान पर आपकी दोस्त बन जाये, युवा पीढ़ी मोबाइल का मोह छोड़ दे—पर यह सम्भव नहीं कि प्रभु दौरे पर हों और मुझे स्वप्न देना छोड़ दें।

अपने पड़ोसीय मंचीय कवि मित्र को पुरस्कार मिलने की सूचना मिली तो मैं उन्हें बधाई देने उनके घर शाम को पहुँच गया। किसी रसरंजन प्रिय व्यक्ति को यदि मन से बधाई देनी हो और अपनों हृदय भी प्रसन्न करना हो तो उसे शाम को ही बधाई देने ही जाना चाहिए।

—बधाई हो कविवर, आप पुरस्कृत हो रहे हैं।

मेरी बधाई सुनते ही उनका स्वर चिड़चिड़ा गया और बोले, बाबा जी का...पुरस्कार मिल रहा है। आजकल के आयोजक साले बदमाश हो गये हैं। हमें ...समझते हैं।

—पुरस्कार देने में भी बदमाशी होती है क्या?

—जैसे हमारे देश में सबसे बड़ी प्रजातान्त्रिक बदमाशियाँ चुनाव के समय होती हैं वैसे ही साहित्य में सबसे बड़ी बदमाशियाँ पुरस्कारों में होती हैं। अब तुम तो जानते ही हो कि मैं एक रात के कवि सम्मेंलन का कम से कम एक लाख लेता हूँ। और ये साले दे रहे हैं बीस हजार का पुरस्कार। मुझे पुरस्कार के बहाने से बुलाएँगे शाल उढ़ाएँगे और घंटु-सा स्मृति चिह्न पकड़ाएँगे और इस चक्कर में मेरी कविताएँ सुनवा देंगे।

—पर यार पुरस्कार से जो सम्मान मिलेगा उससे भी तो इज्जत बढ़ेगी।

—और इस चक्कर में में जो तिया नन्दन बनूँगा उससे क्या बढ़ेगा? तू ठहरा किताबी साहित्यकार, तू क्या आयोजकों की लीला को समझेगा। इस...चक्कर को तू छोड़ और अपनी बधाई देने के पुण्य की दारू पी, अपनी शाम रसरंजनमय कर।

पुरस्कार-लीला के कारण तियानन्दन बनने की पीड़ा में उसने दबकर दारू पी और मैंने बधाई देने की पुण्य प्राप्ति में यह सतकर्म किया। दबाकर कुछ भी किया हो तो नींद भी दबाकर आती है। मुझे भी आयी। नींद आयी तो स्वप्न आया और स्वप्न आया तो प्रभु आ गये।

—प्रभु आज कैसे? आज कौन-सी लीला रचाने आये हैं? हम भी आपकी लीला देख कुछ रस ले लें।

—मेरी लीला में तुम्हें रस मिलता है? पर में तो जब-जब धर्म की हानि होती है तो अवतार लेता हूँ और धर्म की रक्षा के लिए लीला रचाता हूँ। तुम्हें इसमें रस मिलता है!

—प्रभु, कथावाचक जब आपकी रासलीला, बाल-क्रीड़ा आदि का रसपूर्ण वर्णन करते हैं और जब में आपके राधा-प्रेम जैसे प्रसंग पर उनसे कोई प्रश्न करता हूँ तो वे कहते हैं कि यह सब प्रभु की लीला है आप एक भक्त के रूप में इसका रस ग्रहण करें। मेरे हर उस प्रश्न का, जिसका उनके पास उत्तर नहीं होता है, एक ही उत्तर होता है कि यह सब प्रभु की लीला है। क्या वो ठीक कहते हैं प्रभु?

—हाँ वे एकदम उचित कहते हैं अज्ञानी! मेरी लीला को कोई नहीं जान पाया है।

—क्यों नहीं जान पाया है?

—क्या तुम अपने देश की सरकार, विरोधी दलों और राजनीति मैं थैली के बैंगनों की लीला को समझ पाये हो?

—सरकार कैसे लीला करती है, और उनके साथी प्रजातन्त्र के शेष 'रक्षक' कैसे लीला करते हैं—इसे मुझ अज्ञानी को तनिक समझाकर कहें, प्रभु!

—अज्ञानी, तुम आँख के अन्धे नाम के नयनसुख हो। तुम कहने को भारत के नयनसुख मतदाता हो पर तुम्हारी दूर की तो क्या पास की भी दृष्टि ठीक नहीं है। सरकार नित-प्रति लीला ही तो रचती है और जिसे तुम देख नहीं पाते हो? संसद, कैबिनेट हाईकमांड आदि द्वारा जो भी ऐसा किया जाता है जो तुम्हें प्रश्नहीन करता है, वह लीला ही तो है। न्यायालय कहता है कि अपराधियों को संसद में निवार्चित होने का अधिकार नहीं है पर सरकार कहती है कि वे अपराधी कहाँ हैं, वे तो देश में प्रजातन्त्र की रक्षा के लिए लीला करते हैं। न्यायालय कहता है कि अपने सम्बन्ध में सूचना के अधिकार के तहत सूचना दो और वे कहते हैं कि ये हमारी लीला है और लीला की सूचना देने का कोई प्रावधान संविधान में नहीं है।

—तो प्रभु, क्या ये प्रजातन्त्र नहीं लीलातन्त्र है?

—हाँ अबोध बालक, यह लीलातन्त्र ही है। जैसे मेरी लीला को समझना असम्भव है वैसे ही इस लीला को समझना भी असम्भव है।

—ऐसे में हम क्या करें?

—तुम तो बुद्धि और विवेक को त्याग इस लीला के समक्ष प्रश्नविहीन बने रहो...

—पंगु बना रहूँ? ये मुझसे न होगा।

—नहीं होगा तो धर्म के विरुद्ध जाने का दंड भुगतने के लिए तैयार रहना। तुम जैसों के लिए बहुत कष्टप्रद समय आने वाला है।

यह कहकर प्रभु अन्तर्धान हो गये और में...???

चरणों की रणनीति

वे महिला थीं, सुन्दर महिला। उनका मुख, कर, चरण आदि सब कमल थे। पर वे कीचड़ में नहीं थीं, अपने पार्टी-दफ्तर में थीं।

वह अपने दोनों हाथों में उनके चरण थामें हुए था और वे चरण छुड़ाने का अभिनय कर रही थीं। उनके कन्धों पर देश का भार आने की सम्भावना थी और वह उनके कन्धे के बल पर देश सेवा का मेंवा पाने की सम्भावना तलाश रहा था। वे 'वे' थीं और वह 'वह' था। देश, साहित्य, सत्ता, पद आदि किसी की भी रणनीति में 'वह' से 'वे' होने के लिए कई चरण थामने पड़ते हैं।

मैंने कहा—भाई, आपने इतने कसकर इनके कोमल चरण क्यों पकड़े हुए हैं? बेचारी छुड़ा रही हैं, आप छोड़ क्यों नहीं देते हैं?

उसने मेरी ओर क्रुद्ध दृष्टि डाली और बोले—आपको क्या? आप अपनों काम कीजिए। यह चरण और मेरे हाथों का घरेलू मामला है। आप पत्रकारों में यही खराबी है, बेवजह दूसरे के फटे में टाँग घुसेड़ते रहते हैं। टाँग घुस जाये तो बखिया उघेड़ते हैं। भ्रष्टाचार के हमाम में सब नंगे ही होते हैं। कोई अपने नंगपन में इतरा रहा है तो इतराने दीजिए। किसी की आत्मा मर गयी है तो मरने दीजिए। आप काहे मुर्दों से मुर्दा सच उगलवाते हैं। आप तो समाचारों के मनोरंजक सीरियल बनाइए। मुर्दो को मुर्दा रहने दीजिए, उसमें प्राण काहे फूँकते हैं। भैया अपने फटे को सँभालो। कानून की आँख मत बनो। कानून के आँख में चाहे पट्टी बँधी हो वह देश का फटा देख लेगा। मेरे इस फटे को फटा ही रहने दें।

—आपका फटा मेरी चिन्ता नहीं है, मेरी चिन्ता तो देश का फटा है। मैं जन्म से इस देश का आम नागरिक हूँ जो अपनों कीमती वोट देने से पहले कुछ सोचना चाहता है, समझना चाहता है। अभी तो मानवता के नाते कह रहा हूँ आप इनके चरण छोड़ दीजिए, बेरहमी से मत घसीटिए। यह चरण आकाश में उड़ने लायक हैं, इन्हें धरती की ओर मत घसीटिए। घायल हो जायेंगे।

—घायल तो पार्टी हो चुकी है। पार्टी हित में आवश्यक है कि यह चरण-कमल राजनीति में आयें और कीचड़ में खिलें। इन चरणों का राजनीति में प्रवेश देश की राजनीतिक आर्थिक तथा सामाजिक सुरक्षा के लिए आवश्यक है। आप देश हित की बात कर रहे हैं न, बिना पार्टी हित के देश का हित नहीं हो सकता। मैं पार्टी के हित के लिए ही यह सब कर रहा हूँ। पार्टी का हित होगा तो देश का हित होगा। यही चरण देश को सही दिशा और दृष्टि दे सकते हैं। उसने चरण पकड़े-पकड़े ही एक भाषण-सा दे डाला और चमचाई निगाह से चरणों की तरफ देखकर जैसे पूछा—मैंने उचित कहा न मेरे आका।

—परन्तु इससे पहले तो आप दूसरे चरण थामें बैठे थे। तब भी आप यही कह रहे थे कि केवल यही चरण देश का उद्धार कर सकते हैं। अब इन चरणों को आपने कहाँ से खोज लिया?

वह उदास हो गया, बोला—वो बड़े विशाल चरण थे। उनसे तो सारा विश्व तर जाता। उनके चुनाव हारने से देश डूब रहा है। देश दिशाहीन हो गया है। आज हमें ऐसे चरणों की आवश्यकता है जो देश को इस संकट से पार लगा सकें। यह चरण ही अब देश को बचा सकते हैं। यह कहकर वह रोने लगा और आँसुओं से चरण धोने लगा। उसके आँसुओं में मगरमच्छ को भी मात देने की क्षमता थी। वह रोता-रोता कनखियों से अपने रुदन के प्रभाव का मूल्यांकन भी करता जा रहा था।

मैंने उसे ढाढ़स बँधाया और कहा—आप हिम्मत क्यों हारते हैं? इन चरणों के पीछे क्यों भागते हैं? हमारे देश में लोकतन्त्र है। कोई भी देश का उद्धार कर सकता है। आप साहस करके स्वयं आगे बढ़िए, इसके-उसके चरण क्यों पकड़ते हैं? अपनी बाँहों पर भरोसा कीजिए।"

वह क्रुद्ध हो गया। फुँफकारते हुए बोला—लगता है आपको कुछ ज्ञान नहीं है। महान बनने के लिए किसी महान व्यक्ति का शरणार्थी होना आवश्यक होता है। अकेला चना जब भाड़ नहीं फोड़ सकता है तो राजनीति क्या और कैसे कर सकेगा। या तो आपके पिता महान हों या फिर आप किसी महान को बाप बनायें। जानते हैं महाभारत जैसा युद्ध लड़ने के लिए अर्जुन जैसे महारथी को भी श्रीकृष्ण जैसे सारथी की आवश्यकता पड़ी थी? और आप क्या समझते हैं कि यह राजनीति किसी महाभारत के युद्ध से कम है? कई अन्दरूनी और बाहरी लड़ाइयाँ लड़नी पड़ती हैं। वह तो अर्जुन था, में तो एक अदना-सा सिपाही हूँ। श्रीमान जी, राजनीति में हर सिपाही को अपने से बड़े चरणों की आवश्यकता पड़ती है। जोश में उसके नथुने फड़फड़ाने लगे।

—परन्तु इस समय आपके दल में ही विशालकाय चरण विद्यमान हैं। कई लोग उनसे चिपके हुए हैं, आप उनसे क्यों नहीं चिपकते, आप नये चरण क्यों ढूँढ़ रहे हैं?

वह रुआँसा हो गया, बोला—आप समझते क्यों नहीं हैं। वहाँ हमारे चिपकने के लिए बिल्कुल जगह नहीं है। वैसे भी वे चरण कारगर नहीं रहे। चरण वे ही पूजनीय होते हैं जो राम की तरह अहल्या को तार सकें। वैसे भी वहाँ तो खूँसट चिपके हुए हैं। देश की आर्थिक स्थिति बिगड़ रही है—देश में बेरोजगारी बढ़ रही है, व्यापार नष्ट-भ्रष्ट हो रहा है, कमाई का कोई साधन नहीं रह गया है। (देश से अभिप्राय उनका स्वयं से था।) देश को युवा चरणों की आवश्यकता है। वह आँसुओं से चरण धोने लगा और धीरे-धीरे उन चरणों को अपनी ओर घसीटने लगा।

अब मैं उनकी ओर उन्मुख हुआ, जिनके वे चरण घसीट रहे थे। चरणपकड़ाउ जी लगातार घोषणा कर रही थीं—मैं राजनीति में नहीं पड़ूँगी, मैं माला नहीं पहनूँगी। मुझे इस कीचड़ में नहीं पड़ना है। परन्तु धीरे-धीरे राजनीति की ओर खिसक भी रही थीं और उनके भक्त उन्हें कीचड़ में कमल कर रहे थे। एक बार आप कीचड़ में कमल हो जायें तो आपका मुख, आपके कर, आपके चरण आदि सब कमल हो ही जाते हैं और भक्त उन्हें आपस में बाँट लेते हैं।

मैंने उनसे कहा—आप क्यों अपने भक्तों को कष्ट दे रही हैं। बेचारे आपके चरण थामें हैं। आपको चरण घसिटवाने में क्या मजा आ रहा है। क्यों नहीं आराम से राजनीति में चली जातीं?

उन्होंने मेरी ओर तुच्छ-सी दृष्टि डाली और बोलीं— लगता है तुम्हें राजनीति का क ख ग भी नहीं आता है। राजनीति में एक 'इमेंज़' बनानी जरूरी होती है। में इमेंज़ बना रही हूँ। अपनी जरूरत महसूस करवा रही हूँ। हवाई जहाज को आकाश में उड़ाने से पहले दूसरों से धक्का लगवा रही हूँ। एक बार उड़ गयी तो पहुँच से दूर हो जाऊँगा। और प्यारे, रिक्त स्थान होगा तो उसकी पूर्ति होगी न? समझे!

मुझे समझना पड़ा, में समझ गया।

मैंने देखा कुछ अखबारी कागज, बहीखाते और कलम-दवात भी चरणों से आ चिपके हैं। सभी अपनों यह दावा सिद्ध करने में लगे थे कि पहले चरण उन्हीं ने पकड़े हैं। क्योंकि जो पहले आता है वही पहले पाता है।

टेसू के फूल बुढ़ा गये हैं

आजकल कैलेंडर मुझे सूचना देता है कि होली आ रही है। एक समय के, हफ्तों पहले होली की तैयारियाँ करने और योजनाएँ बनाने वाले लोग मेरे जीवन से गायब हो गये हैं, लला फिर खेलन आइयो होली कहने वाली ललनाएँ गायब हो गयी हैं। जैसे हमारे समय के मोची, कलईवाले, ताँगे वाले आदि महानगरों से गायब हो गये हैं। बाजारवाद और खुली अर्थव्यवस्था के युग में घोड़े भी रेस कोर्स के मैदान में ही अधिक पाये जाते हैं। आजकल जो रेसीय युग चल रहा है उसमें बेचारे जानवर और कहाँ पाये जायेंगे।

वैसे इन दिनों उत्सव समाचारों में मनाये जा रहे हैं। होली के आने का समाचार मिलता है न कि गन्ध मिलती है। प्रकृति तो किसी रुष्ट प्रेमिका-सी हो गयी है। हर मौसम में जैसे नाराज ही रहती है। वसन्त हो तो सावन-भादों जैसे बादलों के कोप भवन में जा बैठती है। या फिर बर्फ की चादर ओढ़ फूलों से मुँह फेर लेती है। वो तो भला हो समाचार चैनलों का, अखबारों में प्रकाशित हो रहे वैलेनटाइन दिवस सम्बन्धी विज्ञापनों का, मॉल में आनन्द लेती युवा पीढ़ी की तस्वीरों का कि लगता है उत्सव मनाया जा रहा है। हे बाजार! तेरा आभार कि तूने हमारी उत्सवधर्मिता जीवित रखी है। तेरे मॉल, कोई उत्सव न हो तो भी उत्सव-सा माहौल देते हैं। हर उत्सव पर सेल लगती है और सेल बताती है कि उत्सव मनाने के दिन आ गये। उठ मूर्ख मानव और बाई वन गेट वन फ्री का उत्सव मना। उठ मानव अपनी धन-सम्पदा का सदुपयोग कर और प्रकृति को ठेंगा दिखा। उठ मानव कि समाचारों में उत्सव जाग गये हैं। बीती विभावरी जाग री...उठ मानव फेसबुक पर होली के चित्रों को अपलोड कर।

में दिनोंदिन बूढ़ा हो रहा हूँ, इस बात की सूचना मुझे मेरा आईना प्रतिदिन दे रहा है। और में बुढ़ापे के चलते प्रतिदिन ऊर्जाविहीन होता जा रहा हूँ, इसका अहसास पत्नी दिला रही है। कुछ का दिल रिश्वत न मिलने से टूटता

है, कुछ का दिल सरकार बनने से टूटता है और कुछ का दिल सरकार न बनने से टूटता है पर मेरा दिल इन दिनों बुढ़ापे के कारण टूट रहा है। कवि केशव को सुन्दरियों ने बूढ़ा कहा था तो उनका दिल टूटा था, यहाँ अपनी पत्नी के कारण टूट रहा है।

कभी रात को जल्दी सो जाऊँ तो पत्नी कहती है, बुढ़ापा आ गया है तुम पर, जल्दी थक जाते हो और जल्दी सो जाते हो।' देर से सोऊँ तो कहती है, बहुत करवटें बदल रहे हो, तबीयत खराब है क्या? वैसे बुढ़ापे में नींद कहाँ आती है।' यही फर्क है जवानी और बुढ़ापे का–जवानी में करवटें बदलो तो उसका कारण इश्क होता है और बुढ़ापे में बदलो तो उसका कारण खराब तबीयत होती है। यह वैसे ही है जैसे जवानी में सीने में दर्द हो तो वो इश्क होता है और बुढ़ापे में हो तो हार्ट अटैक होता है। यह वैसे ही जैसे तुम्हारा खून खून और हमारा खून पानी होता है। यह वैसे ही है जैसे तुम करो तो देश सेवा में करूँ तो भ्रष्टाचार। जैसे गरीब पाँच रुपये की चोरी करे तो थाने में पिटे और अमीर चोरी करे तो अखबारों में हीरो बने।

ऐसा नहीं है कि मात्र पत्नी ही मेरे बुढ़ापे को लक्षित कर रही है–बच्चे हैं, मित्र हैं, रिश्तेदार है आदि हैं। बुढ़ापा आपको उतना अपनों एहसास नहीं दिलाता है जितना आपके हितचिन्तक उसका एहसास दिलाते हैं। बुढ़ापा न हुआ मोहल्ले में युवा होती युवती हो गयी, जिसे अपनी जवानी की उतनी चिन्ता नहीं होती जितनी मोहल्ले को होती है। मोहल्ला तो उसे सावधान करता है–पगली सँभाल ले अपनों आँचल, लुटती है मणिराजी। वो इसलिए सावधान करता है कि जिससे इस मणिराजी को उनके अतिरिक्त और कोई न लूट ले। बुढ़ापे में बूढ़े की चिन्ता परिवार को इसलिए नहीं होती है कि वो बेचारा अशक्त हो रहा है अपितु इसलिए होती है कि कहीं बीमारी से उत्पन्न बूढ़े की मणिराजी उन्हें न सँभालनी पड़े।

मेरे एक मित्र हैं जो सफेद बालों को काला कर बुढ़ापे को धोखा दे रहे हैं जैसे कुछ लोग काले को सफेद कर देश को धोखा दे रहे हैं। पीड़ित जनता-सी उनकी पत्नी दुखी रहती है। उनका मोबाइल, उनकी जेब चैक करती है कि काले बालों वाला उनका पति कहाँ अपनों मुँह काला कर रहा है। पति चाहे प्रोपर्टी डीलर से बात कर रहा हो, पत्नी को लगता है किसी कलमुँही से कर रहा है।

बढ़ती आयु के साथ वय में स्वाभाविक परिवर्तन आता है और इसके साथ ही आपकी भूमिका भी बदलती है। ऐसा समय भी होता है कि आप आशीर्वाद प्राप्त करने के लिए चरण ढूँढ़ते हैं, प्रेरणा पाने के लिए लगातार पत्राचार करते हैं। अपनी सद्यःस्नात पुस्तक की भूमिका हेतु दो शब्द लिखवाने के लिए किसी

अनिर्वचनीय के कर कमलों की अनेक प्रकार से प्रशंसा करते हैं और ऐसे में शब्द हैं कि समाप्त होने को नहीं आते। श्रीमुख से अपने बारे में कुछ भी सुनने को कान तरसते रहते हैं। प्रतीक्षा की उन बेचैन घड़ियों को तो आपने अनेक बार अपने प्यासे नैनों से भोगा होगा जो प्रकाशक या सम्पादक के कारण जन्म लेती हैं और समाप्त होने को नहीं आती हैं।

पर जैसे आयु बढ़ती है, वय में परिवर्तन आता है, आपके श्वेतकेशी प्रौढ़ चेहरे में श्रीमुख सुशोभित होने लगता है, कर कमल हो जाते हैं, चरण ढूँढ़े नहीं मिलते हैं तथा मुँदे नेत्र न, जाने कब खुलकर कृपा करेंगें के प्रतीक्षा-रस से लबालब भरे रहते हैं। ऐसे में व्यक्ति मार्गदर्शक, प्रेरक, आशीर्वाददाता आदि न जाने क्या-क्या हो जाता है। आशीर्वाद लेने और देने की तो हमारे देश में बहुत गहरी परम्परा है, इतनी गहरी कि कुछ लोग एक बार इसमें गिरते हैं तो कुएँ के मेंढक हो जाते हैं या उस कीचड़ के ऐसे कमल हो जाते हैं जो हर समय आशीर्वाद से ही लथपथाया रहता है। सन्तों की पगहियाँ सीकरी में जाने से घिसती हैं तो आशीर्वाद दाताओं की चरण छुवाई प्रक्रिया में घिसती हैं। सब जानते हैं कि आशीर्वाद देने का अधिकार उसी को है और उसी का आशीर्वाद सार्थक होता है जो धर्म, अर्थ काम, पद आदि आभूषणों से सुसज्जित होता है, खाली-पीली आशीर्वाद तो नंगी के नहाने और निचोड़ने जैसा अथवा मतदाता के पाँच वर्ष में एक बार मत के अधिकार जैसा होता है।

बूढ़े व्यक्ति को किसी को भी आशीर्वाद देने का अधिकार होता है। जैसे पुलिसवाले को आप रिश्वत देते हैं वह आपको नहीं देता है, नेता को आप वोट देते हैं पर वो आपको कुछ नहीं देता है कुछ-कुछ वैसे ही आयु में बड़े द्वारा ही आशीर्वाद देने की भारतीय परम्परा है। पर परम्पराएँ तो अब टूट रही हैं, ऐसे में छोटे से आशीर्वाद देने की स्वस्थ परम्परा आरम्भ हो गयी है। युवा मन्त्री, भावी प्रधानमन्त्री, धार्मिक बाबा आदि सामने हों तो उन्हें दंडवत करने वालों में आयु की ऊँच-नीच कोई मायने नहीं रखती है। बड़े-बड़ों के सर राजाओं के सामने झुक जाते हैं श्रीमान्। आप पद, धन, आश्रम आदि से सम्पन्न हों तो आपको किसी भी आयु में आशीर्वाद देने का अधिकार है। परन्तु यदि आपमें इनमें से कोई गुण नहीं है, आप निर्गुणी हैं तो आपको आशीर्वाद देने का अधिकार केवल वृद्धावस्था में ही प्राप्त होता है।

जैसे-जैसे उम्र बढ़ रही है जीवन असुरक्षित लग रहा है। यह वैसे ही है जैसे-जैसे गरीब की अमीरी बढ़ती है उसे अपनों जीवन असुरक्षित लगने लगता है। गरीबी के कारण अब तो मौत आ जाये वाक्य प्रतिदिन बोलने वाला गरीब

अमीर होते ही अपने आसपास सुरक्षा का घेरा बना लेता है, और मौत न आये के लिए मन्दिर, मस्जिद, गुरुद्वारों आदि में मत्थे टेकता है।

मैं बूढ़ा हो रहा हूँ पर मेरा देश जवान हो रहा है। बूढ़ा आदमी गुलाल का एक टीका लगाकर होली की औपचारिकता निभा लेता है और जवान जब तक किसी पर कीचड़ न उछाले, उसे होली का मजा नहीं आता है। इन दिनों खूब कीचड़ उछाला जा रहा है। कीचड़ की डिमांड बढ़ गयी है। समाचार चैनलों की टीआरपी बढ़ गयी है। बेचारे टेसू के फूल मुझ बूढ़े-से किसी कोने में पड़े, कबीर की तरह उदास हैं।

...पाउंड फुलिश

वे मेरे निन्दक हैं इसलिए मेरे लिए वह नहीं वे हैं। कबीर से प्रभावित होने का दंड भुगत रहा हूँ। निन्दक मेरे आँगन में ही रहता है। वैसे आज का युग निन्दा सुनने का है कहाँ! आज का युग तो निन्दक को द्वार से दुत्कारने का है। यह युग तो भक्तों का है। भक्तों को पहले ड्राइंगरूम में और फिर बेडरूम में छवाने का है। निन्दक द्वार से न हटे तो भक्तों को हुश कर दिया जाता है और वे निन्दक को काट-छाँट देते हैं।

भक्त चरणों की ओर देखता है पर निन्दक आपके गिरेबान में झाँकता है, आपकी आँख से आँख मिलाकर बात करता है। भक्त हें...हें...की शैली में बात करता है पर निन्दक तू तड़ाक की। भक्त प्रभु की मूरति को गढ़ता है, एकटक निहारता है और श्रद्धावश आँख मूँद लेता है पर निन्दक प्रभु की मूरति को तोड़ता है, प्रभु समेंत दूसरों की भी आँखें खोलता है। मूरति टूटे तो बहुत दुख होता है। टूटी मूरति देख प्रभु की आँखों में अश्रु आ जाते हैं और भक्त की आँखें क्रोध से लाल हो जाती हैं। भक्त को केवल भक्ति करनी होती है और प्रभु उसे चारों फल दे देते हैं पर निन्दक मुराड़ा ले चारों फलों को आग लगा देता है।

मैं अखबार पढ़ रहा था। अखबार पढ़ना मेरी दैनिक क्रिया है जैसे कुछ की फेसबुक एवं वाट्सऐप अहिर्निश क्रिया है। दोनों में क्रिया की प्रतिक्रिया होती है। अखबार पढ़ते हुए आप कुढ़कर बड़बड़ाने के अतिरिक्त कुछ नहीं कर सकते जबकि आभासित दुनिया में लाइक जैसे अभिव्यक्ति के अनेक साधन मौजूद हैं।

मैं बड़बड़ाया—पाउंड फुलिश...

निन्दक फुँफकाराया—हे हिन्दी के लेखक तुम भी क्या हीनभावना ग्रस्त हो, अंग्रेजीनुमा हिन्दी अखबार पढ़ना शुरू कर दिया है।

—अंग्रेजीनुमा हिन्दी अखबार, ये कौन-सा अखबार है?

—वही जो तुम्हारा पानवाला अपनी अंग्रेजी ठीक करने के लिए पढ़ता है।

वही जिसमें सुर्खियाँ छपती हैं—बॉय से सेक्सुअल असॉल्ट...फंडिंग से फाइट कर रहे स्टार्टअप...ट्रांस्परेंसी में आगे चीनी कम्पनियाँ...। वही जिसमें अंग्रेजी को वही स्थान प्राप्त है जो हिन्दी को। वह रोज मुझे पकड़ लेता है और लगभग आधे अखबार का अनुवाद करवाता है।

—नहीं मैं वो अखबार नहीं पढ़ रहा था, विश्व की चिन्ता में अंग्रेजी का मुँहावरा बोल गया।

—कौन-सा मुँहावरा?

—पैनी वाईस पाउंड फुलिश।

—इसका अनुवाद नहीं हो सकता क्या?

—हर वस्तु अनूदित नहीं हो सकती। जैसे सम्बन्धों का अनुवाद नहीं होता। संस्कृति का अनुवाद नहीं हो सकता है। कुछ लोग अपनी वेशभूषा का अनुवाद करते हैं और जोकर लगते हैं। वे राजनयिक होने की मजबूरी में, उमस भरे मौसम में बन्द गले का कोट पहनते हैं।

—पर आपने इस मुँहावरे का प्रयोग क्यों किया। हमारे यहाँ न तो पाउंड चलता है और न ही पैनी।

—पर मूर्ख तो हमारे यहाँ हैं।

—वो तो एक ढूँढ़ो हजार मिलते हैं। अब आप ही अपने को लें शहर के अन्देशे में काजी जी जैसे दुबले हो रहे हो। बाजारवाद, उपभोक्तावाद और पूँजीवाद में तो यह होना ही है। माना ब्रेक्ज़िट का असर पाउंड पर पड़ रहा है और वो फुलिश हो गया है, पर तू क्यों भया उदास।

—मैं पाउंड के कमजोर होने से दुखी नहीं हूँ पर पूरे विश्व में पैनी के लिए पागल लोगों को देखकर दुखी हूँ।

—मतलब?

—मतलब यह है कि यह बाजार पर आँच आ जाये तो पूरे विश्व में भूचाल आ जाता है पर पड़ोस में कोई मर जाये तो खबर नहीं होती। हम पैसे की चिन्ता में जमीन-आसमान एक कर देते हैं पर बन्दूक की नोक पर सैकड़ों कत्ल कर दिये जायें तो मोमबत्तियाँ जलाकर और प्रस्ताव पास कर इतिश्री कर लेते हैं। अनेक व्यापारी चैनलों पर प्रतिदिन शेयर बाजार, सोने, उपभोक्ता वस्तुओं, मुद्रा आदि के उतार-चढ़ाव का सूचकांक प्रदर्शित होता है पर क्या कभी मानवता का सूचकांक प्रदर्शित होते देखा है। हमारी सोच पैनी की रह गयी है और पाउंड की सोचने वाला मूर्ख है।

—ठीक कह रहे हो, हमारे देश में तो पैनी वाईस वाली सोच बहुत चल रही

है। चुनाव के समय अपनी-अपनी पैनी लिए देशसेवक जुट जाते हैं। किसी के पास हिन्दू पैनी है, तो किसी के पास मुस्लिम और किसी के पास सिख। कभी देश में बलवा हो जाये तो हर कोई अपनी-अपनी पैनी लिए जुगाली करने आ जाता है। एक पाउंड, जिसमें अनेक पैनियाँ होती हैं, उसके बारे में कोई नहीं सोचता।

—हमारे देश में ही नहीं पूरे विश्व में यह सोच विकसित हो रही है जो बहुत बड़ा खतरा है। और पैनी की यह सोच दिनोंदिन पैनी होती जा रही है। कभी ताश खेली हैं?

—नहीं, मुझे फुरसत कहाँ?

—तुम्हें निन्दा से फुरसत मिले तो खेल खेलो। प्यारे जब तक खेलोगे नहीं तब तक लोगों के खेल कैसे समझ आयेंगे? तुम्हें तो यह भी पता नहीं होगा कि निन्दा भी आजकल खेल हो गया है। तुम जैसे निन्दक बहुत जल्दी बेकार होने वाले हैं। तुम्हारा अस्तित्व ही खतरे में है। आजकल तो अनेक निन्दक पाले जाते हैं। वे निन्दा करते हैं अखबारों तथा चैनलों में सुर्खी बनाते हैं, टी आर पी बढ़ाते हैं, फिल्म और व्यक्ति को चलवाते हैं। ऐसे निन्दक अपने मन से निन्दा नहीं करते हैं अपने आका के दिशा-निर्देश पर निन्दा करते हैं। इनकी आत्मा भक्त की होती है पर ये चोला निन्दक का धारण किये रहते हैं। आजकल निन्दा भी फलदायक हो गयी है।

खैर, ताश में एक खेल होता है जिसमें ट्रम्प कार्ड होता है। यह कार्ड जिसके पास होता है वो कैसी भी काट कर लेता है। ट्रम्प की काट ट्रम्प ही होती है। यह 'ट्रम्प' कार्ड आज पूरे विश्व में चल रहा है। यही ऐसी 'पैनी' सोच देता जो मानवता को बेध देती है। यही कार्ड ताश के केवल एक रंग को महत्त्वपूर्ण बनाता है और शेष रंगों को बदरंग कर देता है। ऐसे ही सोच वाले वाईस होते हैं और पाउंड को फुलिश बनाते हैं।

निन्दक ने मेरे कन्धे पर हाथ रखा। उसकी आलोचकीय आँखों में मैंने पहली बार करुणा देखी। निन्दक बोला—आज में पहली बार तुम्हारी निन्दा नहीं कर पा रहा। मैं तो तुम्हारा ही निन्दक हूँ स्थानीय निन्दक हूँ पर तुम तो अन्तरराष्ट्रीय के निन्दक निकले।

एक इलेक्ट्रॉनिक होली

पिया इन दिनों रंगून नहीं हैं। प्रिया भी इन दिनों रंगून नहीं है। पिया इन दिनों दिल्ली में हैं और प्रिया टिंबक टू में है। प्रिया और पिया की चट मँगनी पट शादी हुई और झट प्रिया की कम्पनी ने प्रिया को एक प्रोजेक्ट के लिए टिंबक टूं भेज दिया। पुराने समय में जालिम जमाना दो दिलों को मिलने नहीं देता था, इन दिनों जालिम कम्पनी नहीं मिलने देती है। कम्पनी बहादुर ने शादी के लिए चार दिन की छुट्टी दे दी, एहसान मानो। शादी निबटाओ और काम पर चलो। हनीमून-शनीमून फिर किसी वीक एंड पर मना लेना। ज्यादा छुट्टी-वुट्टी करोगे तो कम्पनी छुट्टी कर देगी। ऐसा पैकेज कहाँ मिलेगा?

कैरियर महत्त्वपूर्ण है या हनीमून! ब्लैक एंड व्हाइट युग की नायिका गाती थी—तेरी दो टकियाँ दी नौकरी, मेरा लाखों का सावन जाये। इन दिनों तो लाखों की नौकरी है और टके सेर सावन है। इन दिनों नायिका गाती नहीं है। उसके पास गाने का समय नहीं है। वह तो बस चैटियाती है।

तो, हे मित्रो!

पिया इन दिनों रंगून नहीं हैं। और न तो पिया ने टेलीफोन किया है और न ही प्रिया ने टेलीफोन किया है। इंटरनेशनल कॉल महँगी पड़ती है। हाय! हाय! रे महँगाई। डॉलर बचाने के लिए पिया और प्रिया फुनियाते नहीं हैं, चैटियाते हैं।

पिया ऑनलाइन हैं।

प्रिया अभी ऑनलाइन नहीं है। प्रिया की आज इम्पोटेंट मीटिंग है। प्रिया मीटिंग के लिए पाइंट्स तैयार कर रही है।

पिया बेचैन हैं। पिया प्रिया से चैटियाने को बेचैन हैं।

आज प्रिया और पिया की पहली होली है। होली भारत में होती है और उस दिन होली की छुट्टी होती है। होली टिंबक टू में नहीं होती है और वहाँ छुट्टी भी नहीं होती है। पिया के घर होली की हलचल है, पिया के दिल में भी

हलचल है। प्रिया के टिबक टूं में होली की हलचल नहीं है पर प्रिया के दिल में मीटिंग की हलचल है।

लो प्रिया ऑन लाइन आ गयी। दोनों चैट करने के लिए ऑनलाइन हैं।

अब में ऑफलाइन होता हूँ। आप दोनों के चैटियाने का आनन्द लें।

—हाय!

—हाय!

—अभी काम फिनिश किया है। एक घंटे बाद मीटिंग के लिए निकलना है।

—मैं तो दो घंटे से इन्तजार कर रहा हूँ कि कब तुम ऑनलाईन आओ

—कैसे हो, घर में क्या चल रहा है?

—सब बढ़िया है। होली की हलचल है।

—अरे हाँ, हैप्पी होली!

—हैप्पी होली!

—स्काईप ऑन करो न।

—करता हूँ।

दोनों के कैमरे ऑन हो गये हैं। दोनों एक-दूसरे को देख-सुन रहे हैं।

—नाइट सूट में हो।

—उठते ही काम पर लग गयी थी।

—अच्छी लग रही हो। रात नींद आयी?

—नींद कहाँ ठीक से आयी, सारी रात मीटिंग के पाइंट मन में घूमते रहे।

—मुझे तो सारी रात तुम्हारी याद आती रही।

—याद तो मुझे भी आती है पर...जैसे ही काम खत्म किया ऑनलाइन आ गयी।

—एक किस दे दो।

पिया ने बिना किसी संकोच के कहा—ले लो।

दोनों अपने-अपने कैमरों को चूमते हैं। कैमरे भी धन्य हो गये। पिया और प्रिया भी धन्य हो गये, और आप...!

—मैंने फेसबुक से कल सभी रिश्तेदारों को हैप्पी होली का मेंसेज दे दिया था।

—यह अच्छा किया। तुम थोड़ा ठीक से ड्रेस अप हो लो में अम्मा बाऊ जी को बुलाता हूँ। उन्हें होली पर प्रणाम कर लेना।

—ड्रेस अप होने में टाइम लगेगा और घंटे में मुझे मीटिंग के लिए जाना है। अरे अपर चेंज कर लो। और चेंज करते समय कैमरा ऑन...

—नॉटी

—तुम चेंज करो में अम्मा बाऊजी को लेकर आता हूँ।

—इन टू मिनेट्स।

दो मिनट बाद।

—प्रणाम अम्मा, बाऊ जी।

—जीती रहो, बहू! होली की बधाई।

—सुखी रहो बहूरानी, होली की बधाई। तुम्हें हम सब बहुत मिस कर रहे हैं।

—अम्मा जी आपने तो आज के लिए गुजिया बनाई होगी।

—हाँ बनाई है ना। ये देख...। यह कहकर सासू माँ गुजिया से भरा थाल कैमरे के आगे करती है।

—बड़ी यमी बनी हुई हैं।

—तेरे लिए, तेरी पहली होली की साड़ी भी लाई हूँ। यह देख। अम्मा कैमरे को साड़ी दिखाती है।

—बहुत अच्छी है।

—बहू होली का शगुन कर लेना। थोड़ा रंग-वंग लगा लेना।

—अम्मा जी, यहाँ रंग कहाँ मिलेगा। और मुझे अभी मीटिंग के लिए भागना है।

ऐसे में पिया को आइडिया आया। उसने कैमरे के सामने रंग उड़ाया और बोला—अब तुम अपनी लिपिस्टिक के दो-तीन शेड अपने गालों पर लगा लो।

—दिस इज़ ए ग्रेड आइडिया। अभी लगाती हूँ।

प्रिया सबके सास, ससुर और पिया के सामने गालों पर लिपिस्टिक लगाती है। सभी चिल्लाते हैं—होली है...होली है...

—हैप्पी होली टू यू ऑल।

तभी रसोई से कुछ जलने की गन्ध आती है। सास उवाच : चलती हूँ बहू, लगता है कि गैस पर दूध उबल गया है।

—प्रणाम अम्मा जी, बाऊ जी। मैं भी चलती हूँ, मेरी मीटिंग का टाइम होने वाला है। शाम को जल्दी आ गयी तो फिर स्काईप पर मिलते हैं।

पतिदेव को कुछ याद आता है—एक मिनट रुकना, वो क्या था...

इस वाक्य के पूरा होने तक अम्मा बाऊ जी कमरे से चले जाते हैं।

—जल्दी बोलो न क्या था।

—एक फाइनल होली किस हो जाये।

—यू नॉटी।

पिया दिल्ली में और प्रिया टिबंक टू में अपने कैमरे का चुम्बन करते हैं।

स्काईप ऑफ होता है।

व्यंग्यकार शहीद हो!

वे मुझे सुबह-सुबह मिल गये। वे रसंरजन की चाह में मुझे शाम-शाम भी मिलते हैं और कभी अनचाहे, रात-रात भी मिलते हैं। जैसे चुनाव के दिनों में वोटार्थी हर समय भाषण पिलाने को और कटोरे में वोट पाने को प्रस्तुत रहता है वे भी भाषण पिलाने और समयानुसार कुछ पीने-खाने के लिए कटोरा लिए रहते हैं। उन्हें देखते ही में अपनों रास्ता कितना ही बदलूँ, छोटी-सी दुनिया के पहचाने रास्ते पर मिल ही जाते हैं। जैसे महँगाई की पकड़ से बचना कठिन है वैसे ही उनकी पकड़ से बचना कठिन है।

मैं उनसे कितना भी मुँह छिपाऊँ वे किसी पुलिसिए से अपने शिकार को दबोच लेते हैं।

पर आज तो वे मुँह छिपा रहे थे। सुबह-सुबह मिले तो उन्होंने रास्ता बदल लिया। उन्होंने धोती नहीं पहनी थी वरना उसके पल्लू से मुँह ढक लिया होता। ये दीगर बात है कि इस प्रक्रिया में वे नंगे हो जाते और उनसे खुदा भी डरता, इंसान को शर्म आती। उनकी शर्म तो धोती के पल्लू में छिप गयी। धोती न होने के कारण वे बचाव की मुद्रा में थे जैसे कुछ स्टिंग ऑपरेशन के बाद बचाव की मुद्रा में आ जाते हैं।

वे तो हर समय घणे तेवर में रहते थे, आज एक्सक्यूज मी हो रहे थे। वे तो कवि कुछ ऐसी तान सुनाओ जिससे उथल-पुथल हो जाये टाइप दहाड़ते थे आज कटने को जाते बकरे-सा हो रहे थे।

मैंने पुकारा—अरे व्यंग्यकार महोदय! आपके चेहरे पर तो घणे तेवर होते हैं आज एक्सक्यूज मी क्यों दिख रहे हो। हे व्यंग्यकार शिरोमणि...

इससे पहले कि में अपनी बात पूरी करूँ, उन्होंने मेरे चरण पकड़ लिए। (दूसरों से निरन्तर चरण छुवाने वाला आपके चरण पकड़े तो दाल कितनी भी महँगी हो उसमें काला नजर आ ही जाता है।) —उन्होंने मेरे चरण पकड़े थे और

उनके मुख से सी बी आई की पकड़ में आये दोषी की ध्वनि निकल रही थी। वे बोले—तुम मुझे कुत्ता-कमीना, कुछ भी कह लो पर व्यंग्यकार मत कहो। अरे भई जान है तो जहान है। जैसे गौतम ने अपनी प्रिय पत्नी और पुत्र को त्यागा था मैं भी अपने व्यंग्य लेखन को त्याग रहा हूँ। मैंने अपने सारे व्यंग्य संकलन जला दिये हैं। अपनी आग लगाने वाली रचनाओं को भी आग लगा रहा हूँ। तुम्हें चाहिए तो तुम ले लो और अपने नाम से छपवा लो।

मैंने कहा—हे नेताओं की माँ-बहन करने वाले सिंह, आज चूहा बना बिल क्यों ढूँढ़ रहे हो।

—अरे भाई, बिल नहीं ढूँढ़ा तो मुझे किसी जेल में पाओगे।'

—क्या किसी कवयित्री का बलात्कार कर दिया है?

—हम क्या करेंगे, जो हमारे साथ होने वाला है, बलात्कार से भी बड़ा। अब तो सरकारी फरमान आ गया है कि किसी भी सरकार, नेता, सांसद आदि के बारे में चूं-चपड़ की तो सीधे राष्ट्रदोह का मुकदमा हो जायेगा।

मैंने कहा—भई तुम्हारे तो घणे शहीदी के सुअवसर आ रहे हैं। तुम तो अफसोस मनाया करते थे कि परसाई की तरह पिटे नहीं। पिट जाते तो व्यंग्य साहित्य में, नम्बर दो पर ही सही, परसाई बन जाते। अब तो परसाई भी तुम्हारे सामने क्या होगा। अंग्रेजों के ज़माने में प्रेमचन्द की सोजे वतन जब्त हुई थी अब तो तुम्हारे जब्त होने के दिन आ गये। आज तक कोई साहित्यकार शहीद नहीं हुआ है, तुम्हें स्वर्णिम अवसर मिल **रहा** है, लूट लो। हो सकता है कोई सड़क तुम्हारे नाम से हो जाये। अधिक शहीद हुए तो तुम्हारे नाम से छुट्टी की घोषणा हो जाये। आज तक किसी साहित्यकार को यह सम्मान नहीं मिला है। तुम्हारे तो अच्छे दिन आ **गये**?

—हमारे अच्छे दिन नहीं, अंग्रेजों के जमाने वाले अच्छे दिन आ गये हैं। उनके जेलर सपने में आने लगे हैं। उनकी अदालतें सपने में आने लगी हैं।

—तो क्या तुम जेल की हवा खाने से डर गये?

—जेल की हवा से नहीं डरा हूँ मित्र! जेल तो हम आपात्काल में भी गये थे। चाहे जो पिटे वे जेल नहीं गये, पर हम तो बिना पिटे ही जेल गये थे।

—तो फिर आज क्यों डर लग रहा है?

—आज राष्ट्रद्रोही कहलवाने से डर लग रहा है। इस कालिख के साथ में न तो सड़ना चाहता हूँ और न ही मरना चाहता हूँ। **यह शहीदी** नहीं एक कलंक होगा।

यह कहकर वे फूट-फूटकर रोने लगे। **मैंने पहली बार** किसी व्यंग्यकार को फूट-फूट कर रोते देखा। तेरा क्या होगा व्यंग्यकार! तूने **तो इस** देश का नमक खाया है। अब राष्ट्रद्रोह की गोली खा।

शाकाहारी मांसाहारी और निराहारी

वे दोनों बचपन के दोस्त थे। जब किशोर हुए तो एक शाकाहारी हो गया और दूसरा मांसाहारी, पर दोस्ती बनी रही। जब युवा हुए तो देश का भविष्य सुधारने के लिए राजनीति में कूद गये और दोस्ती सुधरकर घृणा संग जा मिली। अब वे सुअवसर हो तो दोस्त बन जाते थे और कुअवसर हो तो दुश्मन।

मांसाहारी अपनी राह जा रहा था। संसार में भाँति-भाँति के जीव हैं यह तो आप जानते ही हैं। और यह भी जानते होंगे कि इन भाँति-भाँति में ऐसे भी जीव हैं, जिन्हें कोई अपनी राह जाने वाला सुहाता नहीं है। दूसरे का न भी फटा हो तो ये उसमें अपनी टाँग ऐसे घुसेड़ते हैं कि फटे में टाँग वाला मुँहावरा चरितार्थ हो जाता है।

शाकाहारी ने चलते मांसाहारी की राह में टाँग अड़ाई, पुकारा—हे मांसाहारी कहाँ जा रहा है?

मांसाहारी ने मुड़कर देखा, शाकाहारी उसे पुकार रहा है। उसे सदा घृणा की दृष्टि से देखने वाला शाकाहारी उसे पुकार रहा है। उसे देखते ही अपनी नाक पर रूमाल रखने वाला शाकाहारी, बिना रूमाल रखे, उसे पुकार रहा है। उसे देखते ही अपनी राह बदलने वाला शाकाहारी उसे पुकार रहा है। लगता है चुनाव घोषित हो गये हैं।

मांसाहारी रुक गया। उसे शाकाहारी से मिलने में कोई दुविधा नहीं थी।

शाकाहारी पास आया और ईर्ष्याजनक दृष्टि डाल बोला—आजकल तो खूब पब्लिसिटी पा रहे हो। बड़े मजे हो रहे हैं, तुम्हारे।

—मेरे मजे तो तुमने पैदा किये हैं। मैं तो जैसा था वैसा ही हूँ। तूने ही मुझपर प्रश्नचिह्न लगाकर मेरी टीआर पी बढ़ाई है। तू मेरे खिलाफ जितनी घृणा उगल रहा है उतनी ही मेरी टीआर पी बढ़ रही है।

—चल छोड़...दावत कब खिला रहा है?

—दावत! किस बात की?

—तुझे पुरस्कार मिला है न, लाखों वाला, कुछ तो दोस्तों के हिस्से में आयेगा।

—में तो खिला दूँगा, पर क्या तू मुझ मांसाहारी के पैसे का खाएगा?

—दावत तो किसी के हाथ की खाई जा सकती है। और फिर ये तेरे पैसे थोड़े हैं, ये तो सरकार के पैसे हैं। और सरकार है शाकाहारी। —ये कहकर शाकाहारी अपने तर्क पर हँसा।

—पर सरकार के पास जो पैसा जाता है उसमें न जाने किसका-किसका पैसा होता है। हो सकता है किसी खूनी के टैक्स का पैसा हो या किसी कसाई का।

—तुझे दावत नहीं देनी तो मत दे। बचपन की दोस्ती को जाने दे भाड़ में...लक्ष्मी तो चंचला होती है...आज मेरे पास तो कल तेरे पास...

—यानी लक्ष्मी असाम्प्रदायिक होती है। ...में दावत देने से कहाँ मना कर रहा हूँ, तू ही मेरी दी दावत नहीं खाएगा। में तो चिकन-शिकन खाऊँगा, तू मेरे साथ बैठकर खा पायेगा? मेरे द्वारा चूसी गयी चिकन की हड्डियों को प्लेट में देख पायेगा? रेस्तराँ में तो मीट की हाँडी और दाल की हाँडी में एक ही कड़छी लग जाती है। बनाने वाला भी एक ही होता है। तुझे तो मीट की गन्ध से उबकाई आती है।

—यार तू मेरा पुराना दोस्त है, किसी शाकाहारी रेस्तरां में चलते हैं न। चल फकीरे के ढाबे का कद्दू खाते हैं। बड़ा बढ़िया बनाता है...

—कद्दू! वो भी कोई खाने की चीज है...नाम से लगता है कि किसी घोंचू को खा रहे हैं।

—वो मूँग की दाल भी बढ़िया बनाता है।

—मूँग की दाल ! वो तो डॉक्टर की सलाह पर बीमार खाते हैं। तू पार्टी की जगह बता रहा है या किसी अस्पताल की कैंटीन का ठिकाना।

—शाकाहारी खाने से मन पवित्र रहता है। तामसी भोजन से मन में पापी विचार आते हैं। में तो कहता हूँ कि यदि देश में सभी शाकाहारी हो जायें तो रेप-शेप खत्म हो जायें, भ्रष्टाचार समाप्त हो जाये।

—इसका मतलब ये जो आश्रमों के बाबा शाबा पकड़े जाते हैं सब चोरी छिपे तामसी भोजन करते हैं? और किसान जो आत्महत्या करते हैं चिकन-शिकन जैसा तामसिक भोजन खाने के बाद करते हैं। पर मैंने तो पढ़ा है कि बेचारी गरीबी के कारण उनकी आत्मा विद्रोह करती है पर वे 'कायर' अपनी आत्मा की हत्या कर डालते हैं। तेरी पार्टी के नेता ने उन्हें सही कायर कहा है।

—तू तो कुतर्क कर रहा है। बता क्या इस संसार में किसी निरीह जीव की हत्या पाप नहीं है।

—पाप है न। किसी निरीह तीन साल की बच्ची से बलात्कार करना, किसी पाँच साल के भीख माँगते बच्चे को ठोकर मारना...

वे अचानक आगबबूला हो गये। में समझ गया कि अब वे आग उगलेंगे और बबूल उगाएँगे। मैं समझ गया कि शाकाहारी और मांसाहारी के इस झगड़े में या तो कद्दू, घीया, कटहल आदि के सार कटेंगे या फिर बकरे की माँ खैर नहीं मना पायेगी। मैं समझ गया कि जिसकी प्लेट भरी हो वही दूसरे की प्लेट में नजर डालता है, जिसे भूख न लगी हो वही भूख की राजनीति करता है और नासमझ निराहारी जैसे-तैसे अपने पापी पेट की आग बुझाने के लिए जो मिले खा लेता है।

तम्बू उखड़ रहे हैं

जैसे संसार में भाँति-भाँति के जीव होते हैं वैसे ही भाँति-भाँति के सन्त हो गये हैं। सन्त नेताई कर रहे हैं, पुलिसआई कर रहे हैं, शिक्षाई कर रहे हैं, भिक्षाई कर रहे हैं। बाजार की माँग है। जो चाहो वही मिलेगा। चाहो तो बाई वन गेट वन फ्री की शैली में मिलेगा।

मैंने एक सन्त से कहा—सन्त जी! तम्बू उखड़ रहे हैं...

सन्त ने सन्तई भाव से कहा—एक दिन सब उखड़ जाना है। उखड़ने दीजिए तम्बू, हमारा तो कुछ नहीं उखड़ रहा। ऐसा कहकर सन्त कन्दरा में विलीन हो गये।

सच भी है कि जब अपनों कुछ न उखड़ रहा हो तो उखड़ने की माया मोह में काहे को फँसना। कन्दरा में सुरक्षित रहो। न काहू से दोस्ती, न काहू से बैर, हमें कौन-सा चुनाव लड़ना है?

पर ऐसे सन्त भी हैं जिनसे सीकरी को बहुत काम होता है। इतना काम होता है कि सन्तों को सन्तई से फुरसत ही नहीं मिलती। ऐसे सीकरियाए सन्त से मैंने कहा—सन्त जी! तम्बू उखड़ रहे हैं?

सन्त की कुंडलिनी जाग्रत हो गयी। वे बोले—सच्ची! कहाँ, कितने तम्बू उखड़ रहे हैं? इस बार तम्बू उखड़ाई का ठेका हमें ही दिलवा दो, तुम्हारा पच्चीस परसेंट पक्का। यह कहकर सन्त मुझ तुच्छ जीव के चरणों में लोट गये। कुछ देर मेरे चरण सन्त की शरण में और रहते तो ठेके पर उठ जाते। मैंने अपने चरण सँभाले और सीकरी से विश्वविद्यालय की ओर चल दिया।

विश्वविद्यालय के सन्त चिन्तन और चिन्तन के सिवाय और कुछ नहीं कर रहे थे। नया विषय पाकर सभी सन्त तम्बू उखड़न क्रिया, प्रतिक्रिया आदि पर घनघोर बौद्धिक चिन्तन करने लगे। एक सेमिनार में बीज व्याख्यान जितना चिन्तन या फिर अध्यक्षीय भाषण जितना चिन्तन। जुगाड़ बैठ गया तो किसी अन्तरराष्ट्रीय सेमिनार जितना चिन्तन। ऐसे सन्तों के पास तराजू सर्वदा विद्यमान

रहता है। आप अपनी 'श्रद्धा ', जयशंकर प्रसाद वाली नहीं, एक पलड़े में डालते जायें और दूसरे पलड़े में सन्त चिन्तन डालते जायेंगे। आप जितना गुड़ डालेंगे उतना मीठा चिन्तन आयेगा। कुछ सन्त कड़ुवावादी भी होते हैं, आप उन्हें शाम को कड़ुवा पिलाएँ सुबह मीठा पायें।

आप पलड़े में जितनी विषय वासना डालेंगे, उतने ही चिन्तन के विषय इन्हें सूझेंगे। जैसे तम्बू उखाड़न विषयक चिन्तन को ही ले लें। इसके विषय असीम हो सकते हैं, जैसे—तम्बू उखाड़न का उद्‌भव और विकास, तम्बू उखाड़ने का स्वरूप और सिद्धान्त, तम्बू उखाड़न की रचना प्रक्रिया, तम्बू उखाड़न का अन्तरराष्ट्रीय महत्त्व, भारतीय एवं पाश्चात्य तम्बू उखाड़न प्रक्रिया का शास्त्रीय अध्ययन आदि आदि अनादि। अब आप जैसे सन्तों के समक्ष अपनी तुच्छ सीमित बुद्धि से भ्रष्टाचार जैसे असीम तम्बू उखाड़न विषयों का, कहाँ तक वर्णन करूँ। आप सीकरी में रहें और सन्तई करें, में जरा कुछ तमाशबीन सन्तों को तम्बू उखड़ने की खबर दे आऊँ।

मित्रो तमाशबीन सन्त न हों तो जीवन मेंथिलीशरण गुप्त-सा व्यर्थ बहा-बहा हो जाये। आप तो जानते ही हैं कि तमाशबीनी में हमारा मुकाबला नहीं है। तमाशबीनी का ओलम्पिक हो जाये तो हर बार हमारा सोने का पदक पक्का, जैसा पक्का कभी हॉकी में हुआ करता था। तमाशबीनी में हमने अनेक 'ध्यान' 'चन्द' पैदा किये हैं।

सन्त 'ध्यान' 'चन्द' चड्डी-बंडी पहने बैठे हैं। तम्बू उखड़ने का समाचार मिला नहीं कि कुर्ते-पायजामें को चलते-चलते पहनीं और चप्पल घसीटते चल दिये। इन्हें इससे मतलब नहीं कि तम्बू किसका है और क्यों उखड़ रहा है, इन्हें तो तम्बू उखड़ने के सुन्दर दृश्य का पान करना है और करवाना है। मेरे प्रिय कवि कैलाश वाजपेई की छोटी-सी कविता है—

एक औरत ने दूसरी औरत से कहा
दूसरी औरत ने और औरतों से कहा
और शहर में हैजा फैल गया।

ऐसा ही हैजा तमाशबीनी का फैलता है। आप गन्दे नाले के किसी पुल पर खड़े हो जायें। गन्दे बदबूदार बहते पानी का झुककर दर्शन एवं रसास्वादन करें। बदबू के कारण आपका थूकने का मन होगा, थूक दें। आपको ऐसा करता देख तमाशबीन सन्त आयेंगे, पूछेंगे—क्या हुआ, कुछ है नीचे?

—कुछ नहीं।

सन्त जी को आप पर विश्वास नहीं होगा। वे भी नीचे झाँकेंगे और इस

दृष्टि से निरीक्षण करेंगे जैसे नीचे कोई लाश हो। वे थूकेंगे और हो सकता है कि हवा माता की कृपा से कुछ थूक आपको भी पवित्र कर जाये। दृश्य निहारकर वे आपके आस-पास खड़े हो जायेंगे। इसके बाद दूसरे सन्त आयेंगे। वे भी कुछ नहीं को निहारेंगे। श्रद्धानुसार थूकेंगे। इसके बाद सन्त तीसरे आयेंगे...और पुल पर हैजा फैल जायेगा। हर तमाशबीन 'कुछ नहीं' के सौन्दर्य को पुल पर लटका निहार रहा होगा। आप दृश्य से गायब हो जायेंगे पर बेचारा तमाशबीन अपने कर्तव्य का पालन करता रहेगा।

तमाशबीन सन्त भीड़ बनाते हैं और भीड़ के साथी भी होते हैं। भीड़ तम्बू उखाड़ने वाले को पीटे या जिसका उखड़ रहा है, उसे पीटे, यह बहती गंगा में हाथ धो लेते हैं।

हिन्दी साहित्य और भाषा में ऐसे तमाशबीन सन्तों की कमी नहीं।

हे, हिन्दी भाषा के सन्तो, हिन्दी का तम्बू उखड़ रहा है।

जानता हूँ मेरे इस संम्प्रदायिक कथन से दंगा हो सकता है। हिन्दी प्रेमी सन्त अपने हथियार लेकर मैदान में उतर सकते हैं। हिन्दी बचाओ के नारे लग सकते हैं। ये साला कौन आ गया हिन्दी का तम्बू उखाड़ने वाला जैसे आलंकारिक सम्बोधन उछाले जा सकते हैं। मेरी तो...हो सकती है। इससे पहले मेरी, हिन्दी के सन्त, तेरी तो कर दें, मेरी बिनती सुनें।

हे हिन्दी के सेवको, (हिन्दी भाषा में सेवक होते हैं और अंग्रेजी में अफसर होते हैं। हिन्दी सेवियों को पुरस्कार दिये जाते हैं और अंग्रेजी के अफसरों को सत्ता।) तो हिन्दी के सेवको, मैं हिन्दी का तुच्छ लेखक अपनी अन्नदाता हिन्दी का तम्बू नहीं उखाड़ रहा हूँ। जल्दी में अधूरी सूचना दे गया। हिन्दी का नहीं, हिन्दी-उत्सव का तम्बू उखड़ गया है। आप परम हिन्दी सेवी तो जानते ही हैं कि पिछले दिनों हिन्दी ने सप्ताह और पखवाड़ा नामक उत्सव मनाए। राजभाषा हिन्दी टीवी और अखबारों में जगमगाने लगी। अब यह किसी पार्टी का दफ्तर तो है नहीं कि साल भर तम्बू लगा रहे। उत्सव समाप्त होगा तो तम्बू उखड़ेगा ही। हर उत्सव के तम्बू उखड़ते हैं।

पर क्या उत्सव था हिन्दी का ! देवताओ को बड़े दिन बाद फूल बरसाने का सुअवसर प्राप्त हुआ। एक से एक बढ़कर मनमोहक दृश्य थे!

टीवी चैनलों में, अनेक भौंडे सौन्दर्य प्रसाधनों से सजा धजा कर, बाजार में बैठायी गयी हिन्दी के 'शुभचिन्तक' उसके हर ठुमके पर वाह! वाह! कर रहे थे और करवा रहे थे। गुलशन नन्दा, प्यारेलाल आवारा, ओम प्रकाश शर्मा की

गदगदायी एवं महावीर प्रसाद द्विवेदी, डॉ. रघुवीर सरीखी सर पीटती, आत्माएँ विचरण कर रही थीं।

देख तो सही हिन्दी का वितरक कैसे जार-जार रो रहा है, सुन वो क्या कह रहा है—जो बाजार का इस्तेमाल कर रहे हैं वही बाजार को गाली दे रहे हैं। बाज़ार ने हमारी झोली भर दी है और मूर्ख उसे गाली दे रहे हैं। इन मूर्खों को कब समझ आयेगा कि इससे हिन्दी पिछड़ जायेगी। बाज़ार कृपा कर रहा है और मूर्ख उस कृपा को वेश्यावृत्ति कह रहे हैं। हे अज्ञानी, उठ जाग कि बाजार सजा हुआ है, हिन्दी भी सजी हुई है। देख मूर्ख बालक, बाज़ारू हिन्दी ने मुझे कितना दिया, तू भी हठ छोड़ और मेरे साथ हिन्दी के ठुमको की प्रशंसा कर। और देख-समझ कि हिन्दी का असली नृत्य यही है। तू कहाँ शास्त्रीयता के मोह में फँसा है। रामू चल उठ मेरे साथ चल, और हिन्दी को सुन्दर 'रेपर' में लिपटी आकर्षक वस्तु बना, से बेच। तू तो चेन्नई एक्सप्रेस बना और करोड़ो कमा, कहाँ दो बीघा ज़मीन, कागज़ के फूल, जागते रहो आदि के चक्कर में फँसा है। तू तो हिन्दी से कैट वॉक करवा। उसे बिकनी पहना और इस सुन्दरी से कब्जीयुक्त हिंडी बुलवा। तू तो फलदायक चारु वाली खेती कर, कहाँ किसी चाणक्य-सा कुशा को खोद रहा है! तू तो 'कफ़न' कहानी के पिता-पुत्र सा अपनी शहरी दवा-दारू की चिन्ता कर, कफ़न की चिन्ता गाँव कर लेगा।

हे मूर्ख तू क्यों समर्थ को गाली दे रहा है, तेरा जन्म तो गाली खाने के लिए हुआ है। समरथ को कहाँ दोष गोसाईं! एक कायर-सा क्यों किसी झोंपड़ी में डरा बैठा है और अपने साथ अपनी बूढ़ी हो चुकी माता को चिपकाये है। तू तो अति सुन्दर एवं आकर्षक सौतेली माता के संग पाँच सितारा हिन्दी के 'सहवास' का आनन्द उठा। तू हिन्दी में बेस्ट सेलर रच। तू तो हमको हिंड्डी नहीं आता, हमारा हिंड्डी आच्छा नयी, कहकर गौरवान्वित हो, काहे यह कहकर शर्मिन्दा होता है कि तुझे अंग्रेजी भाषा नहीं आती, कि तुझे सरल अंग्रेजी चाहिए, कि तू मातृ भाषा का मास्टर है।

समझ कि हिन्दी भी गरीब और अमीर होती है। अमीरों के यहाँ अमीर हिन्दी वास करती है। यह हिन्दी शो केस में पड़ी रहती है। अमीरों के घर गरीब हिन्दी चौका-बरतन या झाड़ू पोंछा करने के लिए जाती है। गरीब हिन्दी झोंपड़ों में रहती है। कभी-कभी अमीर हिन्दी गरीब के झोंपड़े में वोट माँगने आ जाती है। उस दिन झोंपड़ा महल-सा गदगदाता है।

रे मूर्ख क्यों हिन्दी के समाचार-पत्र का सम्पादक बना बैठा है, तू तो हिंडी के न्यूजपेपर का एडिटर बन। तू तो हिन्दी से सम्मानित हो, हिन्दी के सम्मान

की सोचने वाले मूर्ख अन्य बहुत हैं। वो हिन्दी के सम्मान के लिए मर रहे हैं, तू हिन्दी से सम्मान, बेस्ट सेलर, पद आदि पाने के लिए जी। स्वयं ही सोच कि जीना बेहतर है या कि मरना।

मित्रो सच ही मुझ जैसे अनेक कायर लादी गयी इस बाजार व्यवस्था का इस्तेमाल करने को विवश हैं, और इससे 'डर' कर न केवल सावधान हो रहे हैं अपितु अपनी सन्तान को भी सावधान कर रहे हैं। हम उत्सव भीरु, बाज़ारू हिन्दी की प्रगति के बाधकों के अपराध निश्चित ही अक्षम्य हैं। हम अभी भी भाषा को अपनी संस्कृति और साहित्य का वाहक माने पुरातन मूल्यों से चिपके हैं। हमें आगे बढ़ना चाहिए जिससे कि हम रास्ते से हटाए जा सकें और उत्सवधर्मी हिन्दी प्रगतिशील हों।

धन्य, प्रभु आप अवतरित हुए

हे प्रभु भारत भूमि धन्य है जो प्रभु-अवतार के लिए अत्यधिक उर्वर है। इस भूमि पर निरन्तर धर्म की हानि होती रहती है और प्रभु अवतरित होते रहते हैं। कलियुग तो होता ही धर्म की हानि के लिए है, इसलिए प्रभु को अनेक रूपों में बार-बार अवतार लेना पड़ता है। भारत में जब से प्रजातन्त्र आया है, प्रजा के आह्वान पर कम से कम पाँच वर्ष में एक बार तो प्रभु को पाप के भरे घड़े के कारण अवतार लेना ही पड़ता है। विश्व में बाजारवाद आज आया है पर प्रभु के अवतार के साथ बाजारवाद तो कब से जुड़ा हुआ है। बाजार का सिद्धान्त आवश्यकता और पूर्ति का ही तो है। प्रभु तो सतयुग से इस सिद्धान्त का पालन कर रहे हैं कि जब भी उनकी धर्म की ग्लानि के चलते आवश्यकता हुई अपने अवतार से उन्होंने पूर्ति कर दी।

आमजन के धन्य भाग्य कि भ्रष्टाचार, बलात्कार एवं भारत की राजधानी दिल्ली में प्रभु आप अवतरित हुए हैं। प्रभु आपके अवतार से आमजन के झोंपड़ों में वसन्त आ गया है। पर ये क्या प्रभु आप! के अवतरित होने पर महलों में दुन्दुभी नहीं बजी, देवताओं ने फूल नहीं बरसाए, व्यापारियों ने मिठाई नहीं बाँटी? बस आम आदमी ने कनस्तर पीट शंख बजाया, दिल्ली की निष्ठुर ठंड के बीच नाक बहाते बच्चों ने हो हो किया और घर-बाहर की मजूरी में खुरदरे हुए हाथों ने पार्क से तोड़े फूल बरसाए।

हे प्रभु आप अवतरित तो हो गये हैं और आपके प्रभाव से अँधेरा स्थानान्तरित भी हो गया है। थानेदार का तबादला भी शायद हो जाये पर यदि थाना वहीं रहा तो?

हे प्रभु आप अवतरित हो गये हैं पर क्या जादू की छड़ी साथ लेकर आये हैं? आपको इसकी आवश्यकता पड़ेगी अन्यथा फिर दूसरे रूप में अवतरित होना पड़ेगा। प्रभु आप तो जानते ही होंगे कि कलियुग में पाप, रक्तबीज की तरह अपने पैर पसारता है। आप उसका एक रूप खत्म करते हैं और उसका ब्लड

रिलेशन कहीं और पैदा हो जाता है। प्रभु आपको ओवरटाइम भी करना पड़ता है पर फिर भी धर्म हानित होता रहता है। प्रभु जैसे आप सहस्त्रबाहु हैं वैसे ही पाप भी सहस्त्र बाहु हो गया है। अनेक पापी श्वेत वस्त्र धारण कर रक्तबीज को प्रश्रय देते हैं। थककर आपको कहना पड़ता है कि मैंने धर्म की हानि रोकने का आश्वासन दिया था पर मेरे पास जादू की छड़ी नहीं है। में एक रात में सब कुछ नहीं बदल सकता। पर हे प्रभु आप आम जनता तो अपने प्रभुओं से चमत्कार की ही आशा करती है। और प्रभु आप जानते ही हैं कि चमत्कार का आश्वासन देते रहना ही तो प्रजातन्त्र है और तभी आप प्रभु स्वीकारे जाते हैं।

हे प्रभु आप यह भी जानते हैं कि कलियुग में भक्तों के जुड़े हाथ बहुत जल्दी थक जाते हैं। भक्तों के यह हाथ एक मुद्रा में नहीं रहते हैं। आपके भक्त अब धोती भी नहीं पहनते हैं। धोती की तो जेब ही नहीं होती। प्रभु आप जानते ही हैं कि आपके भक्त पैंट या नेकर पहनते हैं। जो धोती छोड़ पायजामा पहनते हैं उनके पायजामें में भी जेब होती है। बिना जेब के देशसेवा कैसे हो सकती है। प्रभु आप के भक्तों की भी दो जेब हैं। एक जेब में फूल हैं और दूसरे जेब में पत्थर हैं। भक्ति में जुड़ने को उठे हाथ फूल वाली जेब में पहले घुसते हैं। और भक्ति से थके हाथ सीधे पत्थर वाली पाकेट में घुसते हैं। चाहे क्रिकेट, फिल्म, राजनीति आदि जैसा कोई भी खेल हो आम जनता फूल और पत्थर का खेल खेलती है।

पहले लगता था कि जैसे कोई आपकी लीला को नहीं समझ पाता वैसे ही कोई सत्ताधारी की लीला को समझ नहीं पाता है। पर प्रभु आप तो जानते ही हैं कि आम आदमी चाहे प्रभु हो या चाहे सरकार हो, उसकी लीला को कितना समझती है। जनता तो धर्म के ठेकेदारों की लीला समझने लगी है, उनके आश्रमों में चलने वाले क्रिया-व्यापार को जानने लगी है।

तो है प्रभु आप अवतरित हो गये हैं तो आपने भला किया। पर प्रभु आप यह ध्यान रखें कि जैसे आप धर्म और सत्य के मार्ग पर चलने वालों की परीक्षा लेते रहे हैं, वैसे ही यह आम आदमी प्रभु की परीक्षा लेने लगा है। जो परीक्षा में खरा नहीं उतरता है वो प्रभु के पद से हटा दिया जाता है।

प्रभु आपसे आमजन को बहुत आशाएँ हैं और यह आशा पूर्ण हुई तो अवतार लेने-देने का झंझट खत्म हो जायेगा। और यदि पूर्ण नहीं हुई तो प्रभु अन्य रूप में अवतरित होने का कष्ट उठाना पड़ेगा। प्रभु आपको वेष बदलना होगा।

कामायनी की उत्तरकथा

'कामायनी' नारी थी अतः सब विद्वान उस पर टूट पड़े। उसमें नये-नये अर्थ भर कर विद्वानों ने उसका सोलह शृंगार किया। किसी ने उसकी चापलूसी की और किसी ने उसकी कदमबोसी। प्रसाद ने आमुख में कामायनी को 'काम गोत्र जा' लिखा अतः कुछ विद्वान इस 'काम' शब्द से प्रेरित होकर उसकी चीड़-फाड़ में संलग्न हो गये। किसी ने उसके शरीर की नाड़ियाँ गिनीं और किसी ने बताया कि उसमें कितना रक्त (रक्त-अनुराग, वर्ण साम्य है।) किसी ने उसकी बिन्दी का व्यास मापा और किसी ने उसके बुन्दों का। निष्कर्ष यह कि विद्वज्जन अपनी-अपनी बुद्धि के अनुसार कार्य में चिपक गये।

एक वर्ग ऐसा भी था जिस पर कामायनी की कृपा-दृष्टि नहीं पड़ी, अतः वह वर्ग उसी प्रकार रुष्ट हो गया जिस प्रकार प्रतिष्ठित लेखक विशेष पुरस्कार न मिलने पर होता है। लिहाजा इस वर्ग ने कामायनी के अवगुणों का संचय करना प्रारम्भ किया। उन्होंने बताया कामायनी कितनी काली है, उसके मुँह पर कितने दाग हैं।

हिन्दी में परम्परा है, यदि कोई महान् लेखक किसी कृति की आलोचना करता है तो उसके साहित्यिक अनुयायी, उसका जोरदार समर्थन करते हैं और कृति प्रसिद्ध हो जाती है। (यह क्रिया उसी प्रकार होती है जिस प्रकार संसद में शासक दल कोई बिल प्रस्तुत करता है। इसके विपरीत साहित्यिक विरोधी दल 'कृति' का जोरदार विरोध करता है। विरोध में जूतों की नौबत नहीं आती है। निष्कर्षः लोग सभ्य हैं। देश की संसद हो या साहित्य की, विरोध में जूते चलते ही हैं।) इस क्रिया में कृति दिनोंदिन प्रगति के पथ पर अग्रसर होने लगती है। स्मरण रहे, दोनों दलों का उद्देश्य वास्तव में कृति को प्रसिद्ध करना नहीं, एक-दूसरे को पछाड़ना होता है। विरोध से अपनी प्रसिद्धि की सम्भावना अधिक हो जाती है। साहित्य में इतिहास इस बात का साक्षी है कि 'देव-बिहारी' जैसे

झगड़ों ने उन झगड़ाकारों को प्रसिद्ध कर दिया। (यहाँ साहित्य और इतिहास का आपसी सम्बन्ध भी स्पष्ट हो जाता है।)

उपर्युक्त समस्त क्रिया कामायनी के साथ क्रियान्वित हुई और आज कामायनी एक प्रसिद्ध कृति हो गयी है। विद्यार्थी सर नोचते हैं कि आखिर प्रसाद ने लिखा क्या है? आलोचकों की बात पढ़कर समझने की सारी शक्ति उनमें से लुप्त हो गयी है जैसे आजकल राजा-महाराजाओं की कान्ति लुप्त हो गयी है। विद्वानों ने कामायनी की दार्शनिक, सामाजिक, काव्यशास्त्रीय व्याख्याएँ कीं और प्रसाद प्रसिद्ध कवि हो गये। पर वास्तव में कामायनी की कथा कोई आश्चर्य नहीं कि उसमें चार चाँद लगाये जायें। (यहाँ चाँद से अभिप्राय काव्य वाले चाँद से है, जिसके पीछे हमारे कवि बिन नहाए हाथ धोकर पड़े रहे, न कि अमेरिका और रूस आदि वाले चाँद से, जिसने हमारी धार्मिक, सामाजिक और आर्थिक मान्यताओं को तोड़ दिया।)

कामायनी की कथा एक सामान्य सामाजिक कथा है जिसमें नायक-नायिका प्रेम, बलात्कार-दृश्य, संघर्ष आदि का सफलता से नियोजन किया गया है। न उसमें कोई रूपक तत्त्व है और न कोई दार्शनिक तत्त्व।

विवादपूर्ण वक्तव्य यहीं पर समाप्त होना आवश्यक है, नहीं तो हमारे विरोधी हम पर असन्दर्भित होने का दोषारोपण करेंगे और हम भी प्रसिद्ध हो जायेंगे। हम इस तरह प्रसिद्ध होना नहीं चाहते। अतः हम यह सन्दर्भ यहीं समाप्त करते हैं और अपनी बात पर आते हैं, जैसे कोई नेता सन्दर्भ बीच में समाप्त करके अपनी बात पर आ जाता है। (यहाँ 'अपनी बात' अर्थात् 'हमारी', राजनीति के अर्थ में विरोधी दल को दी गयी आलंकारिक गालियों के रूप में पारिभाषित्त नहीं है।) समस्त भेद-भाव को भूलकर हम कथा का आरम्भ करते हैं, बोलो भारत माता की जय। (भारत माता की नहीं बोलनी तो किसी भी माता की बोल ले आखिर हम स्वतन्त्र देश के नागरिक हैं और हमारे देश में प्रजातन्त्र है। हम विदेशी माता की जय भी बोल सकते हैं।)

कथा का आरम्भ अत्यन्त रहस्यमय वातावरण से होता है। (संकेत—छायावाद में रहस्यवाद) एक व्यक्ति जिसका बाद में मनु नाम है ऐसा कहा गया है, बर्फ के एक कारखाने के उच्च-शिखर, छत, पर चिन्तित बैठा हुआ है।

हिमगिरि के उत्तंग शिखर पर
बैठ शिला की शीतल छाँव
एक पुरुष भीगे नयनों से,
देख रहा था प्रलय प्रवाह।

यहाँ पर 'हिमगिरि' शब्द 'आइस फैक्टरी' और 'प्रलय हड़तालियों पर पुलिस के अत्याचार' के रूप में पारिभाषित है। इसके पश्चात लेखक फ्लैश-बैक में कथा का आरम्भ करता है।

एक बर्फ का कारखाना था, जहाँ काम कम और आराम अधिक चल रहा था, क्योंकि सर्दियों के दिन थे। रातें भी सर्दियों की थीं। एक दिन अचानक वहाँ के मजदूरों ने हड़ताल कर दी, क्योंकि दूसरे कारखाने का मालिक यह चाहता था। मजदूरों के नेता ने अपनी माँग रखी कि उन्हें विलास के वह समस्त साधन उपलब्ध होने चाहिए जो कारखाने के मालिक को हैं। इसके साथ ही गुप्त रूप से उसने यह सलाह भी दी थी कि यदि मालिक, केवल मजदूरों के नेता को ही समस्त साधन व्यक्तिगत रूप में दे दे, तो हड़ताल नहीं होगी। (छायावाद में व्यक्तिवादी स्वर) मजदूरों का मालिक नहीं माना और मजदूरों ने क्रान्ति आरम्भ कर दी। हड़ताल हुई। पुलिस आयी। गोलियाँ चलीं और एक मजदूर को छोड़कर सारे मजदूर मारे गये। कारखाना उजड़ गया। उस बचे हुए मजदूर का नाम मनु था और वह अति वीर और शक्तिशाली था।

एक अन्य नगर में एक और बर्फ का कारखाना था जिसके मालिक का नाम 'काम' था। उसने मनु को देखा और उसे अपनों मेंनेजर बनाने का निश्चय किया। इस कार्य के लिए उसने अपनी श्रद्धा नाम की पुत्री को, मनु को आकर्षित करने के लिए भेजा। श्रद्धा नीली साड़ी पहनकर मनु के सामने आयी। उसे देखकर ऐसा लग रहा था जैसे बिजली के सफेद बल्ब पर नीला कागज चढ़ा दिया गया हो। दोनों ने एक-दूसरे को देखा। दोनों मन ही मन शरमाए और शरमाकर एक-दूसरे से प्रेम करने लगे। (छायावाद में प्रेम और सौन्दर्य।) प्रेम नारी को गर्भवती करता है, इस प्रेम से श्रद्धा भी गर्भवती हुई। काम को विश्वास हो गया कि अब मनु अवश्य उसके हाथ में आ जायेगा।

'इड़ा' नाम की एक नारी 'इड़ावृत्त' देश की प्रधानमन्त्री थी। उसकी छवि देश में सामन्तवादी की थी। वह अगले चुनाव के लिए अपनी छवि सुधारना चाहती थी। वह एक मजदूर को देश का राष्ट्रपति बनाना चाहती थी। उसने मनु को निमन्त्रण दिया। (छायावाद में साम्यवाद का संकेत।) उसने अपने दो प्रतिनिधियों को मनु को फँसाने के लिए भेजा। प्रतिनिधियों के नाम 'आकृति और किलात' थे। उन्होंने मनु को विलास के रंग में डुबोना आरम्भ किया और मनु डूब गये। इसके पश्चात् प्रतिनिधियों नें इड़ा का संकेत मनु से कहा। मनु ने कहा—तुम लोग चलो में श्रद्धा को निपटाकर आता हूँ।

मनु श्रद्धा को रात के समय उसी प्रकार छोड़कर चले गये जिस प्रकार अंग्रेज

भारत को छोड़कर चले गये थे। काम को जब यह पता लगा तो उसने मनु को फटकारा और मुकदमा करने की धमकी दी। मनु पहले घबराए फिर सोचा अब तो वह राष्ट्रपति बनने वाले हैं और कानून तो सत्ता के साथ होता है और ऐसे कानून की ही अन्तिम विजय होती है।

मनु राष्ट्रपति बने, इससे इड़ा के दल में फूट का संचार हुआ। इड़ा भयभीत नहीं हुई। उसने जोर-शोर से देश को सुधारना आरम्भ किया। देश विकसित होने लगा। पर मनु सन्तुष्ट नहीं थे। उन्होंने इड़ा से विवाह करना चाहा, परन्तु इड़ा श्रद्धा नहीं थी। मनु ने बल का प्रयोग करना चाहा। देश में 'शीत युद्ध' आरम्भ हो गया। मनु की पराजय हुई।

पराजित मनु ने श्रद्धा का स्मरण किया। पतिव्रता श्रद्धा अपने पुत्र के साथ उपस्थित हुई। मनु को ग्लानि हुई और वह वहाँ से भागकर एक जंगल में छुप गये। श्रद्धा ने अपने पुत्र को इड़ा के हाथों सौंपा और स्वयं देश-विदेश भटकती मनु को 'निर्मोही! निर्मोही!' पुकारने लगी। (छायावाद में नारी-विमर्श)

श्रद्धा ने मनु को ढूँढ़ लिया। दोनों गले मिले। तत्पश्चात् मनु अपने ससुराल पहुँचे और वहाँ एक सुन्दर बर्फ के कारखाने का निर्माण किया। कारखाने का सौन्दर्य अनुपम था। (छायावाद में सौन्दर्य चेतना।) मजदूर मालिक में कोई अन्तर न था। इड़ा और मानव मजदूरों के साथ उस दर्शनीय स्थान को देखने पहुँचे। सब को बड़ा आनन्द आया। सब समरस हो गये और सोमरस पिया। मजदूर मालिक का भेद न रहा। (वर्गहीन समाज) अतः कह सकते हैं कि प्रसाद ने साम्यवाद का सुन्दर उदाहरण प्रस्तुत किया है। निष्कर्ष निकलता है कि छायावादी होने के साथ-साथ प्रसाद साम्यवादी भी थे।

अतएव सज्जनो एवं दुर्जनो इस समस्त कथा को कहते हुए हम आपको विश्वास दिलाते हैं कि वास्तविक कथा यही है। आप इस पर विश्वास कीजिए और स्वर्गिक आनन्द की प्राप्ति कीजिए। मनु की बात मानिये–

औरों को हँसते देखो मनु, हँसो और सुख पाओ।

हे आधुनिक मनु! दूसरों पर मत हँसो, अपने पर हँस लिया करो, इससे आप हँसा हो जायेंगे।

प्रभु जी तुम दीपक हम अँधियारा

वे ऊँची मंजिल की बड़ी बालकॉनी में खड़े थे। में नीची मंजिल की छोटी बालकनी में खड़ा था। आपको अन्दाजा हो गया होगा कि वे कितने ऊँचे हैं और में कितना नीचा। उनकी मंजिल ऊँची, उनकी बालकनी बड़ी और मेरी मंजिल नीची, मेरी बालकनी छोटी। हम छोटे लोग जो हैं। नीची मंजिल और छोटी बॉलकनी तय करती है कि समाज में आपकी क्या औकात है। जैसे भाषा हमारा सामाजिक स्तर तय करती है। जितना सामाजिक स्तर ऊँचा होगा उतने ही ऊँचे अंग्रेजीदां स्कूल में बच्चे पढ़ेंगें और हिन्दी मीडियम वाले सरकारी स्कूल में...गन्दे असभ्य बच्चे आपका स्तर गिराएँगे।

वे मुझसे ऊँची मंजिल पर खड़े थे। वे निरन्तर ऊपर ही देखते हैं। उनकी दृष्टि निरन्तर ऊँची मंजिल पर ही रहती है पिछले कुछ समय से वे एक के बाद एक मंजिल तय कर रहे हैं।

मैंने उन्हें गर्मजोशी से पुकारा और कहा—दीवाली मुबारक हो भाई साहेब।

वे मेरे पुराने मित्र हैं, लँगोट से पहले के पर अब ऊँची मंजिल वाले हो गये हैं तो भाई साहेब हो गये हैं। उन्होंने और ऊपर की ओर देखा कि आवाज किधर से आई। उनकी गर्दन ऊँचा ही देखती है। नीचे से आवाज आये तो उनके कान ऊँचा सुनने लगते हैं। ऊँचा देखते-देखते उनकी गर्दन ऊपर को अकड़ गयी है। नीचे देखें तो गर्दन में दर्द होने लगता है। फिर भी ऊँचा देखने के बाद, कृपापूर्वक उन्होंने नीचे भी देखा, पर...मुझे खाली हाथ देखा, में खाली हाथ शुभकामना दे रहा था। उनकी निगाह में गन्दगी में लिपटे सूअर को देखने जैसी जुगुप्सा जगी। उन्होंने मुझे भिक्षा में फीकी मुस्कान दी और फिर ऊपर देखने लगे। दीवाली के दिन उनसे मीठी मुस्कान भी नहीं दी गयी। में पिछले अनेक बरसों से उसी मंजिल पर हूँ पर वे निरन्तर मंजिलें चढ़ रहे हैं। वे मुझसे अनेक मंजिल उच्च हो रहे हैं इसलिए उनकी निगाहों से बर्फ टपकती है।

मेरी फटी चादर उतनी ही है पर पैर बड़े हो रहे हैं। सरकारे बदलने के बावजूद महँगाई न रुक पाने के कारण मेरे पैर आम भारतीय की हताशा की तरह बढ़ रहे हैं। मेरे पैर बढ़ रहे हैं और उनकी चादर बढ़ रही है। दीपावली आती है तो मेरा मन घबराता है। जैसे चिकनगुनिया का बुखार रहता तो चार-पाँच दिन है पर असहनीय दर्द महीनों का दे जाता है वैसे ही मुझ जैसे के जीवन में दीपावली का त्योहार आता है। महीनों दीपावली की एय्याशी को भुगतने का दर्द दे जाता है। महँगाई बढ़ गयी है यह तो सभी जानते हैं पर उसके साथ-साथ लोगों की अपेक्षाएँ कितनी बढ़ गयी हैं इसे तो वो तन ही जानता है जिस तन लगती है। मेरे जैसों का मन त्योहारों के कारण घबराता है और उन जैसों का मन बल्लियाँ उछलता है। मुझे त्योहार खुशियाँ कम, आशंकाओं को अधिक जन्म देने लगे हैं। महँगाई डायन मेरे सामने मुँह बाए खड़ी रहती है और अनिश्चितता का अँधेरा ऐसे घेरे रहता है जैसे आजकल न्यायालयों में मुकदमों को अनिश्चितताओं ने घेरा हुआ है।

वे सरकार में बहुत ऊँचें पद पर हैं उन्हें दीवाली पर बहुत कुछ मिलता है, और में नीचे पद पर हूँ इसलिए मुझे देना पड़ता है। मेरा मन दशहरे से घबराना आरम्भ हो जाता है क्योंकि इसके बाद करवा चौथ, दीपावली और भाई दूज जैसे त्योहार आते हैं। आप न मनाएँ तो समाज में आपकी नाक कटती है और मनाएँ तो जेब कटती है। में पटरी से अपने लिए कमीज खरीदता हूँ और वे मॉल से ब्रैंडेड खरीदते हैं। आजकल ब्रैंडेड का जमाना है—ब्रैंडेड शर्ट, होटेल, रेस्तरां, जूते, चप्पले, डिजाइनर साड़ी-सूट आदि-आदि। ब्रैंडेड अथवा डिजाइनर का अर्थ होता है—जो वस्तु पाँच रुपये की मिल सकती हो उसे पचास में बेचा-या खरीदा जाये। ब्रैंडेड वस्तु हमारे सामाजिक स्तर का निर्धारण करती है और इसे पाने के बाद मध्यवर्गीय जीव स्वयं को उच्चवर्गीय आत्मा समझने लगता है। उसके पाँव जमीन पर नहीं पड़ते हैं और हाथ क्रेडिट कार्ड से सुशोभित होते हैं। हम चाहे मॉल-संस्कृति का लिबास ओढ़े हुए हैं पर मेरे जैसों की सोच परचूनिए की दुकान की है। हम पहनावे में गतिशील हैं पर अपनी सोच में पत्थर।

वे मिट्टी के दीपक से, इलेक्ट्रॉनिक दीपक हो गये हैं। वे निरन्तर प्रज्वलित रहते हैं। प्रज्वलित होने के लिए उन्हें तेल की आवश्यकता नहीं होती है। वे चार वॉट से लेकर चालीस वॉट तक की रौशनी के साथ प्रकाशवान हो सकते हैं। वे निरन्तर प्रकाशवान रहते हैं। जितनी मंजिलें वे चढ़ते हैं उतना ही उनके दीये का आकार बढ़ता है।

आप तो पुराने समय के हैं, जानते ही हैं कि दीये तले अँधेरा होता है।

जितना उनके दीये का आकार बढ़ता है, उतना ही उनके तले का अँधेरा बढ़ता जाता है। इसलिए उन्हें मुझ जैसे तुच्छ लोग, गन्दगी के अँधेरे में लिपटे, सूअर लगते हैं। इसलिए वे नीचे देखना नहीं चाहते। इसलिए उन्हें मिट्टी के दीये पसन्द नहीं हैं। मिट्टी के दीये एक से दूसरे को जलाते हैं। मिट्टी के दीये मिट्टी से जुड़े होते हैं। मिट्टी के दीये मिनरल वॉटर से नहीं बनते। मिट्टी के दीये टिमटिमाता प्रकाश देते हैं। मिट्टी के दीये प्रेम का दीप जलाते हैं। प्रेम में तो कुछ खोना पड़ता है। अगर खो दिया तो अपनों विकास कैसे होगा। अपनों विकास तो इलक्ट्रानिक दीपक से ही सम्भव है। समाज गया भाड़ में। मिट्टी का दीया अँधेरे से लड़ता है पर कितनी देर, पाँच साल में एक बार। और इलेक्ट्रॉनिक दीया खूबसूरती बढ़ाता है सिटी को स्मार्ट बनाता है और वोट दिलाता है। मिट्टी का दीया खरीदने की ताकत उनमें भी होती है जो उसका निर्माण करते हैं। मिट्टी का दीया उनका अँधेरा दूर करता है जो उसके निर्माता हैं। पर इलेक्ट्रॉनिक दीया खरीदने की हिम्मत कहाँ? और खरीद भी लें तो बिजली कहाँ? बिजली धोखा दे सकती है दीये की तेल बाती नहीं।

मैं दीये जलाता हूँ और उनको चौराहे, मन्दिर आदि में रख आता हूँ। मैं चाहता हूँ कि जिन हाथों ने यह दीये बनाये हैं, उन झोंपड़ियों तक यह रोशनी पहुँचे। वे रंग बिरंगी लड़ियाँ जलाते हैं और पूरे घर को चकाचौंधी अश्लील रोशनी से भर देते हैं। उनकी लड़ियाँ सुबह सूरज निकलने के बाद भी जलती रहती हैं। वे धन्य हैं और मुझे धिक्कार है क्योंकि वे रोशनी हैं और हम अँधियार हैं।

आह चिकनगुनिया, वाह चिकनगुनिया

हमें सहगल दम्पती से दीवाली पर शुभकामनाएँ लेने-देने जाना था। वैसे इस बार उनको आना था क्योंकि पिछली बार भी हम गये थे। शरीफ आदमी इस बात का ध्यान रखता है कि वह चुनाव जीता नेता न हो जाये जो पाँच वर्ष में एक बार जाये, जो देना है दे और इसके बाद बरसों सम्बन्ध वसूलता रहे।

सहगल दम्पती ने किसी न्याय इच्छुक गरीब के स्वर में कहा—चिकनगुनिया ने हम दोनों को तोड़ दिया है यार, तुम दोनों ही आ जाओ। हमारा हाल-चाल भी देख लो, दीवाली की शुभकामनाओं का भी आदान-प्रदान हो जाये और एक शाम संग गुजार लेंगे।

महानगरों में दीवाली से पूर्व शाम गुजारने का नहीं शुभकामनाओं की कबड्डी खेलने का रिवाज है। एक ही साँस में पाला छूना होता है। सीढ़ियाँ चढ़ते, हाँफते-हाँफते किसी के घर जाया जाता है मिठाई या उपहार का डिब्बा पटका-सा जाता है और हाँफना रुक जाये तो हैं हैं हैं कर जाने की इजाज़त ली जाती है। ऐसे में इतनी जगह से आ रहे हैं, साला दिल्ली का ट्रैफिक, अभी कई जगह भी जाना है आदि मन्त्रों का जाप किया जाता है। और दीवाली निबटा दी जाती है।

पर हमें दीवाली निबटाने नहीं मिलने जाना था। मैंने घंटी बजाई। अन्दर से फुसफुसाहट हुई—लगता है, आ गये हैं। न न यह स्वर मुँह में वोट-वोट बगल में छुरी वाला नहीं था। वे हमारे मित्र हैं कोई वित्त मन्त्री थोड़े ही हैं जो निरन्तर वसूलन की चाह में हों, बोलें तो टैक्स-टैक्स, मुस्कराएँ तो टैक्स-टैक्स।

—खोलते हैं जी!

हम समय से पहले पहुँचे थे, इसलिए द्वार देर से खुलना था। हम कोई चाँदी का चम्मच मुँह में लिए जन्मे हैं कि हमारा द्वार समय से पहले खुल जाये। हो सकता है पति पायजामें-बनियान की नेशनल ड्रेस में हो और पत्नी गाउन पहने रसोई देख रही हो।

मैंने कहा—कोई बात नहीं! मुझे भय था कि कहीं जल्दी-जल्दी में पैंट पहनने के चक्कर में सहगल भाई पेंट के पहुँचे में पैर न उलझा दें और गिर जायें। सत्तर की उम्र में गिरना हानिकारक होता है। वैसे कुछ लोग किसी भी उम्र में गिरें, गिरना उनके लिए लाभदायक होता है। शहसवार ही गिरते हैं और जितना गिरते हैं उतना ही उनका उत्थान होता है। बेचारे मासूम वंचित तिफ़्ल तो जीवन भर घुटनों के बल जिन्दगी रगड़ते रहते हैं। शहसवार काजर की कोठरी में से उजले निकलते हैं, भ्रष्टाचार के समुद्र में तैरने का आनन्द उठाते हैं और जेल और संसद का अन्तर समाप्त करते हैं।

पाँच मिनट में प्रतीक्षा समाप्त हुई। द्वार खुला। श्रीमती सहगल के हाथ में आरती की थाली थी। आरती की थाली में कछुवा छाप अगरबत्ती जल रही थी और मच्छर भगाओ क्रीम की ट्यूब सुशोभित हो रही थी। उन्होंने उस ट्यूब से क्रीम निकाली हम दोनों का तिलक किया। श्री सहगल के हाथ में मच्छर मार रैकेट सुशोभित हो रहा था। उन्होंने किसी सुरक्षाकर्मी की तरह रैकेट को हमारे चारों ओर बारी-बारी से घुमाया। एक-दो मच्छरों के मरने के कारण किट-किट की ध्वनि हुई।

स्वागताचार के बाद हमें सुरक्षा की दृष्टि से एक-एक रैकेट दिया गया और बैठने को आसन। वातावरण में मच्छर मार स्प्रे की 'सुगन्ध' चेतावनी दे रही थी कि भोजन में ऐसी ही गन्ध से तेरा सामना होगा, कालिया!

अभूतपूर्व स्वागत के बाद, दीवाली मुबारक कहने से पूर्व मैंने हाल पूछा—'अब कैसे हैं?'

सहगल जोर से हँसा और शायराना अन्दाज में बोला—'चिकनगुनिया ने निकम्मा कर दिया, वरना हम भी उड़ाते तेरा माल रे।'

श्रीमती सहगल ने लँगड़ाते हुए गिलास रखे और अपने शायराना आवाज में बोलीं—'भापे अब तो हालत यह है कि रहिए अब ऐसी जगह जहाँ मच्छर न हों। तुलसी ने राम कृपा के बारे में कहा है कि उसकी कृपा से पैर बिना चला जा सकता है, कर बिना अनेक कर्म किये जा सकते हैं बिना मुख के अनेक रस चखे जा सकते हैं पर यदि चिकनगुनिया प्रभु की कृपा हो जाये तो बोल्ट जैसा धावक नाली न लाँघ पाये, हाथ है पर दर्द के कारण पार्टी उपेक्षित नेता से निष्क्रिय, मुख का स्वाद ऐसा बिगड़ा है कि सकल पदार्थ है जग मांहीं पर स्वाद कुछ आवत नाहीं। जैसे पाकिस्तान का इलाज भारत, अमेरिका, किसी के हाथ में नहीं है वैसा ही चिकनगुनिया है, दर्द बढ़ता गया ज्यों-ज्यों दवा की। हकीम लुकमान होते तो वे भी कांग्रेस पार्टी जैसे ही असमंजस में होते।'

—प्रजातन्त्र में हर मच्छर रक्तपिपासु होता है। साले रक्त तो पीते हैं हमारी बोटी भी खाते हैं। पर प्यारे कुछ भी कहो, नाम बड़ा मस्त है—चिकनगुनिया। लगता है साली कुछ खाती-पीती बीमारी है। बर्ड फ्लू...

सहगल भाई उन लोगों में हैं जो रेत में भी मछली पकड़ने का सुख उठा लेते हैं। इन दिनों भारतीय राजनीति में सम्बन्धों की नयी-नयी व्याख्याएँ सुनने को मिल रही हैं, बेटा बाप से गोरा हो रहा है। मैंने पूछा—चिकन में तो खाने का भाव है प्यारे, गुनिया में पीने का भाव है क्या?

सहगल मुस्कराया—अबे प्यारे, यह मकोंडे भाषा का शब्द है जिसमें से हमने उनका चिकन ले लिया और अपनों पीने वाला पंजाबी गुण उसमें डाल दिया। जैसे नेता के साथ भ्रष्टाचार, न्यायालय के साथ अन्यायालय, हीरो के साथ हीरोइन आदि चलता है, वैसे ही खाने के साथ पीना चलता है। बहस छोड़ मुद्दे पर आ, और गिलास पकड़।

—पर मुझे समझ नहीं आता कि संसद बड़ी साफ-सुथरी है, उसके आसपास इतनी सफाई रहती है। साफ पानी में पलने वाले मच्छर वहाँ नहीं पलते? किसी मन्त्री-सन्त्री को यह बीमारी नहीं सुनी!

—संसद साफ-सुथरी है...! —कहकर सहगल जोर से हँसा—टीवी की बहसें सुन हमाम की सारी नंगई दिख जायेगी।

पहले बदलते मौसम के साथ त्योहार आते थे, उनकी तैयारियाँ होती थीं, आजकल बीमारियाँ आती हैं। दीवाली जायेगी, चिकनगुनिया और डेंगू जायेगा पर स्वाइन फ्लू आयेगा। प्रजातन्त्र में बीमारी को भी आने और फैलने का प्रजातान्त्रिक अधिकार है। राजनीतिक लड़ाई का यह भी तो एक महत्त्वपूर्ण मुद्दा है। दिल्ली बीमारियों की भी राजधानी बन रही है।

रुदालियाँ

सब चिन्तित हैं। बहुत कम होता है कि गरीब, अमीर, नेता, भ्रष्टाचारी, नैतिकतावदी आदि एक साथ चिन्तित हों। जिसके कारण चिन्ता है, वही सर्वाधिक चिन्तित है। खास आदमी आम के लिए चिन्तित है और आम अपने लिए चिन्तित है। चिन्ता की नदी लबालब बह रही है। देश के सभी विरोधी कर्णधार एक साथ चिन्तित हैं। सत्तापक्ष के चेहरे पर पहली-दूसरी या तीसरी कोई चिन्ता की रेखा नहीं है। यदि है तो दिखाई नहीं दे रही है। उन्हें चिन्ता की रेखा को छिपाने के आदेश मिले हुए हैं। चिन्ताकाल चालू आहे!

आम आदमी खास हो गया है। उसके बाईट लिए जा रहे हैं। टीवी पर वह आम हरकतें करते हुए दिखाई दे रहा है। वह धक्कामुक्की कर रहा है, वह गुत्थमगुत्था हो रहा है। वह चार घंटे लाइन में लगकर थक रहा है। वह दो घंटे भी अपनी लघुशंका को रोक नहीं पा रहा है। स्वच्छ भारत की दीवार गन्दी हो रही है। कायर चन्द सिक्कों के लिए प्राण त्याग रहे हैं, देश के लिए नहीं। वह पंक्ति में खड़ा प्राण त्याग रहा है। वीर उसे प्राण त्यागते हुए देख रहे हैं। वीर प्राण त्यागने की रिपोर्टिंग कर रहे हैं। वीर प्राण त्यागने की चिन्ताएँ प्रकट कर रहे हैं। वीर प्राण त्यागने के आँकड़े प्रस्तुत कर रहे हैं। प्राण त्यागने की रिपोर्टिंग हो रही है। देश में पंक्तियों का हैजा फैल गया है। जिन वीरों को हैजा नहीं हुआ है वे हैजे की चिन्ता कर रहे हैं।

मैंने पंक्ति में खड़े देश से कहा—देख, वे रो रहे हैं।

—अपने कुकर्म पर हर आदमी रोता है।

—वे तेरे दुख से दुखी हैं।

—साहब, हमें तो अपने इलावा सभी दुखी लग रहे हैं। वैसे उनका दुख देख हमारा दुख कम हो गया है। क्या दहाड़ें मारकर रोते हैं। टीवी, अखबार जैसी खास जगहों पर रोते हैं। साहब, ये सब रुदालियाँ हैं। रोने वाले धन्धेबाज। रोने

का धंधा करते हैं, मगरमच्छ के वंशज। टीवी, अखबार जैसी खास जगहों पर ही रोते हैं। काम खत्म होते ही आँसू पोंछ लेते हैं। किसी के मरे पर स्यापा करने वाले...। आते हैं, हमारे सामने दहाड़ें मार रोते हैं, स्यापा करते हैं और अपनी दिहाड़ी बना कर चले जाते हैं।

—अपनी दिहाड़ी, इसमें उनकी दिहाड़ी कैसी?

—साहब, कोई धन्धा मुफ्त में तो नहीं किया जाता। मुफ्त में तो रंडी भी...मुफ्त में रोएँ तो खायेंगे क्या? चुनाव नजदीक हैं। जितना रोएँगे उतने वोट पायेंगे।

उसी समय कैमरे, पत्रकार, पुलिस और कार्यकर्ताओं की भीड़ से लैस हैजे के चिन्तक आ गये। उनके चेहरे पर चिन्ता की मेंकअपकीय रेखाएँ खेल रही थीं। पंक्ति प्रसन्न हो गयी कि वे आ गये हैं। पंक्ति प्रसन्न हो गयी कि अब उसका चेहरा भी टीवी पर आयेगा। पंक्ति में खड़े किये गये उनके कार्यकर्ता प्रसन्न हो गये कि चिन्तक उनको पंक्ति में देखेंगे।

—कब से लाइन में खड़े हैं?

—आठ घंटे से...साहब लगता है कि हम तो यहीं मर जायेंगे...ये सरकार हमें मार देगी...हमें तो आप ही बचा सकते हैं।

आँसू बहाने का सुअवसर जान वे अपनी आवाज में करुणा लाते हैं।

—कुछ खाया क्या?

—नहीं साहब। बहुत सारे लोग तो दस घंटे से खड़े हैं। अगर कुछ मिल...

वे उस 'भिखारी' को आगे बढ़ो नहीं कहते हैं खुद बढ़ जाते हैं।

वे फिर शाश्वत प्रश्न करते हैं—कब से लाइन में खड़े हैं?

—दो घंटे से।

वे आँखों को आँसू से भरने को तैयार हो पूछते हैं—कुछ खाया-पिया कि नहीं

—हम नहीं कहेंगे, तो क्या खाना दिलवा देंगे?

वे आँसू रोकते हैं। 'इवेंट मेंनेजर' को आग्नेय नेत्र से देखते है। लाइन में खड़े आदमी की यह हिम्मत कि हमसे सवाल करे। 'इवेंट मेंनेजर' तेरी तो नौकरी गयी।

वे हर चुनाव के हर मौसम में आते हैं। वे गर्मी-सर्दी और बरसात में आते हैं। वे अपनों सुख त्यागकर आते हैं। वे हर मौसम का 'प्रकोप' सहते हैं। सहते-सहते उनकी चमड़ी मोटी हो गयी है। अब दुख उनके दिल में नहीं केवल आँखों में व्यापता है। वे स्वयं चुनाव मौसम का कष्ट सहते हैं, पर आम आदमी को सुख बाँटते हैं। पहले वे कम्बल से लेकर दारू तक बाँटते हैं। अब हाई टेक

हो गये हैं, अब लैपटॉप, मोबाइल आदि बाँटते हैं। नोट पहले भी बाँटते थे आज भी बाँटते हैं। नोट हैं, पर बाँटने योग्य नहीं हैं तो क्या बाँटें? दर्द बाँट रहे हैं। यह बड़े आदमी का दर्द है। मैंने छोटे आदमी से कहा—क्या यार तू अपने हजार दो हजार के दर्द से चिल्ला रहा है, उनका दर्द तो कई करोड़ बड़ा हैं।

वे पंक्ति में खड़े आदमी से बोले—हम तुम्हारे लिए सड़क पर उतरेंगे।

—साहब संसद वाली सड़क पर ही तो उतरोगे। वो तो राजपथ वाली सड़क है हीरोइन के गालों जैसी मुलायम। कभी गड्ढों वाली सड़क पर उतरो। पता चल जायेगा। क्या! पता चल जायेगा कि सड़क किसे कहते हैं।

-उसने तेरा पैसा छीना है, उसे वोट मत देना।

—वोट न देने से मेरा पैसा मिल जायेगा!

—नहीं वोट न देने से वे कुर्सी से उतर जायेंगे और फिर....

—और फिर?

—फिर हम बैठेंगे, तेरी समस्या का अन्त करेंगे।

—वे भी यही कहकर कुर्सी पर जमें हैं।

इधर वे व्यस्त थे और उधर उनके चमचे व्यस्त थे। उनका चमचा पंक्तिबद्ध दुखियारी से बोला—देख तेरे लिए वे धरना दे रहे हैं, लाठियाँ खा रहे हैं

—हाय!

—तेरे लिए वे थाने में जा रहे हैं।

—हाय दैया, उन्हें दारोगा से डर नहीं लगता? हमें तो थाने नाम से हीं कँपकँपी छूटती है।

—नहीं, दारोगा को उनसे डर लगता है, कँपकँपी छूटती है। उनसे तो पूरा थाना डरता है। वे थाने में आ जायें तो लगता है कोई विषैला साँप आ गया। सभी उसे निकालने की फिराक में रहते हैं। वे पूरे लाव लश्कर के साथ जाते हैं। थानेदार नहीं ले जाना चाहता फिर भी जाते हैं। वे धक्का मारकर थाने में जाते हैं। वे स्वयं को थाने में ठूँसते हैं। निकल जायें तो थाना चैन की साँस लेता हैं।

पंक्ति का दर्द जानने बारी-बारी से संसद से विशेषज्ञ दल आ रहे हैं। कोई आम आदमी का विशेषज्ञ है, कोई गरीब का, कोई मजदूर का, कोई दलित का, कोई मन्दिर का, कोई गुरुद्वारे का, कोई गिरजे आदि का। एक शेर के होते दूसरा नहीं आता है। विशेषज्ञों के मध्य पीड़ित कराह रहा है। दर्द दूर करने की भाषण प्रतियोगिता चल रही है। रुदालियाँ दहाड़ मार रो रही हैं।

बन्धु न होई मोर यह काला

वे मेरे मित्र हैं। वे अर्थ का अनर्थ करने में सिद्धहस्त हैं। में साहित्य में छेड़छाड़ लिखता हूँ, वे साहित्य के साथ छेड़छाड़ करते हैं। उनकी रुचि शोध में है। जिज्ञासा उनकी जगती है नींद वे मेरी हराम करते हैं। पिछली बार आये तो जिज्ञासाएँ, 'आप सीता जी के नाना का नाम जानते हैं?'

—नहीं।

—मैंने शोध किया, उनका नाम मनोहर था।

—मनोहर! किस रामायण में लिखा है?

—'रामचरितमानस' में तुलसी ने लिखा है। राम-सीता का विवाह हो रहा है, मंगल गीत गाए जा रहे हैं। तुलसी लिखते हैं—'गावहिं गीत मनोहर नाना...' अर्थात् सीता के नाना, मनोहर, गीत गा रहे हैं और...

—तुलसी ने तो यह भी लिखा है—करहि विदूषक कौतुक नाना, तो...!

उनके नेत्रों में शोध चमकने लगा, बोले— 'यह तो शोध का अच्छा विषय है—सीता जी के नाना का असली नाम क्या था—मनोहर या कौतुक।'

—हे महा अनर्थज्ञानी नाना का अर्थ, अनेक प्रकार और मनोहर का अर्थ है मन को हरने वाला। मनोहर नाना नहीं गा रहे हैं मन को हरने वाले नाना गीत गाए जा रहे हैं।

कल आये तो बोले—जानते हैं बालि की सुग्रीव से शत्रुता क्यों थी? क्योंकि बालि काला था।

—बालि काला था! यह कहाँ लिखा है, हे महा अनर्थज्ञानी?

—रामचरितमानस में सुग्रीव राम से कहते हैं, 'मैं जो कहा रघुबीर कृपाला, बन्धु न होई मोर यह काला।' अर्थात् यह मेरा बन्धु नहीं है, क्योंकि यह काला है।

—हे महा अनर्थज्ञानी! यहाँ काला का अर्थ काल है और...

—तो काला के काल और काला दोनों अर्थ हुए। तभी नोटबन्दी के कारण त्राहि माम् त्राहि माम् की चीख पुकार सुनाई दे रही है। जो काला धन कभी बन्धु था आज वो काल बन गया है। श्याम रंग में डूबने वाले नहीं जानते कि श्याम कितने नटखट हैं। श्याम रंग में डूबे समस्त उजले लोग आज काजर की कोठरी में मुँह छिपाये बैठे हैं। नटखट श्याम वृक्ष पर बैठे चैन की बाँसुरी बजा रहे हैं। उन्होंने गोपिकाएँ के वस्त्र हर लिए हैं। यमुना के काले जल में गोपिकाएँ निरवस्त्र हैं। गोपिकाओं गुहार लगा रही हैं—हे श्याम, यदि तुम भी निरवस्त्र होते, तुम्हारे सखा गोप भी निरवस्त्र होते तो हमें कम लज्जा आती। वैसे तो तुम्हारे प्रेम की सत्ता में हमने पहले ही लाज शर्म त्यागी हुई है पर जो बची है उसे भी त्यागने को कह रहे हो! हे श्याम हमने तो अपनों उजला तन और मन समर्पित किया है, उस पर दृष्टि डालो। हे श्याम हमारे काले पक्ष पर क्यों...।

उनका फोन बोला तो वे बोले—चलूँ बैंक में पत्नी का काला धन सफेद करने जाना है।

—पत्नी का काला धन?

—कोई छोटा चोर, कोई बड़ा चोर वाला मामला है प्यारे! घर से लेकर संसद तक किसी पति की पत्नी नहीं होगी जिसने जरूरत के लिए सफेद धन जमा न किया हो। अब वो काला होने की कगार पर है। पति उसे ऐसे देख रहा है जैसे विषैला नाग हो। किसी का ढेर छोटा है तो किसी का बड़ा। घर में पड़ी चिल्लर महत्त्वपूर्ण हो गयी है। मिलजुल कर चिल्लर बीना जा रहा है। उपेक्षित चिल्लर महत्त्वपूर्ण हो गया है। उपेक्षित जब छुट्टी ले लेता है तो नानी याद आ जाती है। जब खुद बार्तन माँजने पड़ें या कूड़ा उठाना पड़े तो महत्त्व समझ आता है। मालिक उदार हो गया है। बड़े प्यार से सेवकों को बुला रहा है। अश्रुग्रन्थी न होने पर भी सर्प के आँसू निकल रहे हैं। दिल खोलकर कहता है—तू पिछले महीने एडवांस माँग रहा था, ले पूरे वर्ष की तनख्वाह एडवांस में ले जा। पर सेवक हाथ जोड़ कह रहा है कि पाँच, सत्तर, अस्सी नम्बर वालों ने पहले ही एडवास में प्यार दे दिया है, इतना प्यार सँभाल नहीं पायेंगे मालिक! दान की ऐसी उपेक्षा! साँप फुँफकारता है—जा अभी नौकरी से निकल जा। और जानते हैं...

मोबाइल फिर बजता है, वे मोबाइल हो जाते हैं।

एक बड़ी चिन्ता ने सभी छोटी चिन्ताओं को लील लिया है। महँगी दाल और सब्जी की शिकायत करने वाले किसी भी भाव पर पुराने नोटों से खरीददारी कर रहे हैं। बहुत दिनों बाद सोने के स्वर्णिम दिन लौटे हैं। बैंक से नोट पाने वाला वीर भाव से भरा है और जिसे नहीं मिला, अवसाद में डूबा है। बैंक में काम

करने वाले प्रेमिका सम प्रिय हो गये हैं। नोटों के बिस्तर पर सोने वाले अमीर को चिल्लर वाला गरीब अमीर लग रहा है। प्रेमी-प्रेमिका लाइन में इश्किया रहे हैं।

मौसेरे भाइयों का दर्द सामने आ रहा है। अपनों तो इन्तजाम कर लिया और हमारा...। आम आदमी एटीएम और बैंक में मारपीट कर रहा है और उसकी चिन्ता करने वाले खास संसद और टीवी में गलाफाड़ मारपीट कर रहे हैं।

माया मोह में फँसे जीव पंक्ति बन गये हैं। देश और आम आदमी के चिन्तक नेता, व्यापारी, पुलिसवाले आदि सन्त बन गये हैं। वे किसी पंक्ति में नहीं हैं। उनकी आँखों का घड़ियाल सजग है। आम आदमी का कन्धा अपनों रोना रोने के काम आ रहा है। संसद या विधान सभा परिसर के बैंक प्रतीक्षा में पलक पाँवड़े बिछाए हैं। कोई मारा-मारी नहीं है। मेरा मन था कि संसद में जूते चलाने वाले बैंक की लाइन में भी जूते चलाते दिखें, पर...। मैंने जब उनसे पूछा कि आप नोट बदलने के लिए लाइन में नहीं लगे तो उन्होंने अट्टहास किया–साढ़े चार हजार में कोई चुनाव लड़ा जाता है? सबसे अधिक दुखी वह है जिसे पार्टी के कारण अपनों दर्द छुपाना पड़ रहा है। पार्टी कहे तो मुस्कराओ, पार्टी कहे तो गुस्साओ, पार्टी कहे तो रोओ–घड़ियाली देव की जय।

आम आदमी लाइन में लग रहा है, खास उसे लगा रहा है। रिक्शे वाला, झल्ली वाला, ठेले वाला प्रसन्न है कि उसे बोझ उठाने की नहीं लाइन में खड़े होने की दिहाड़ी मिल रही है। जीवन-यापन के लिए छोटा-मोटा भ्रष्टाचार वह भी कर पा रहा है।

नदियाँ नाले फिर प्रदूषित हो रहे हैं इनमें गटर जल नहीं गटर नोट बह रहे हैं। गटर नोटों का विर्सजन करने वाले कह रहे हैं–बन्धु न होई मोर यह काला।

सन्नाटा टूट रहा है

मैं सन्नाटे से बहुत घबराता हूँ। भवानीप्रसाद मिश्र सन्नाटे से नहीं घबराते थे क्योंकि वे सन्नाटा बुनते थे और उनका सन्नाटा बोलता था। मेरा सन्नाटा 'शोले' फिल्म के इमाम साहब (ए के हंगल) वाला सन्नाटा है जो किसी की मौत के कारण बुना जाता है। मेरा सन्नाटा बोलता नहीं है। यह सबकी बोलती बन्द कर देता है। मेरा सन्नाटा राजनीतिक सन्नाटा है।

आम चुनाव हुए एक दल जीता और कई हारे। जैसे प्यार के खेल में एक दिल जीतता है और कई हारते हैं। आजकल की राजनीति भी तो प्यार का एक खेल ही तो है। घोटाला करने वाली सरकार काजर की कोठरी के कारण कजरारे नैना वालों से हार गयी। पिछली सरकार घोटाला सरकार थी चली गयी। नयी सरकार ने वायदा किया कि न तो वह घोटाला करेगी और न करने देगी। न खाने देगी और न खायेगी जैसी घोषणाओं के चलते काजर की कोठरियाँ सील करने की मुनादी करा दी गयी। सच, घोटालों के समाचार आने बन्द हो गये। सन्नाटा छा गया। लगा प्रजातन्त्र की मृत्यु की सूचना आ गयी।

प्रजातन्त्र में सन्नाटा अधिनायकवाद की सूचना देता है। मैं अवसाद में आ गया।

मैं अपने प्रजातन्त्र से बहुत प्रेम करता हूँ। प्रजातन्त्र के हमाम में सभी नंगो को हुड़दंग करता देख मुझे बहुत आनन्द आता है। लगता है प्रजातन्त्र जिन्दा है।

—देख तो सखि, सब नंगों के बीच वो सूटधारी कितना अश्लील लग रहा है। कोई उसकी पैंट उतराने में संलग्न है तो कोई उसका कोट।

—हे सखि, उधर देख वह अपनी काली नंगई पर किस तरह इतरा रहा है और गोरी नंगई वाला किस हसरत की निगाह से उसे निहार रहा है।

—हे सखि, उधर भी तो देख जहाँ एक टीवी चौनल पर बैठे जनसेवक चर्चा में एक-दूसरे की नंगई को नंगा कर रहे हैं। अजब प्रतियोगिता चल रही है। यदि

तू मुझे नंगा कहता है तो तूने कौन-सी नंगई में कसर रखी? एक बता रहा है कि तेरे पैंट की जिप खुली है तो दूसरा उसे बताता है कि धोती से तेरा फटा हुआ कच्छा नजर आ रहा है। सब एक-दूसरे के फटे में टाँग अड़ा रहे हैं और अपने फटे को गौरवान्वित कर रहे हैं। हमारी नंगई नंगई बने और चुनाव हारे और तेरी नंगई सूट बूट कहलाए और विजय सुख पाये। बहुत नाइंसाफी है।

हमाम में तो कपड़े पहनने वाले को शर्म आती है। हे जनता! तूने कपड़े पहने हैं तो तू शर्म कर।

ऐसे में कोई सरकार आकर घोषणा करे कि न तो वह घोटाला करेगी और न करने देगी तो इस हमाम में ताला ही लग जायेगा। हमाम में ताला लगेगा तो प्रजातन्त्र में सन्नाटा छा जायेगा, प्रजातन्त्र मर जायेगा। प्रजातन्त्र मर गया तो हम इस शोक में दीवाली कैसे मनाएँगे? पटाखे कैसे छोड़ेंगे? मुर्गे कैसे लड़ेंगे? विभिन्न चैनलों की गलियाँ सुनसान हो जायेंगी। नवाब साहब उदास हो जायेंगें। कृषि दर्शन की टीआरपी बढ़ जायेगी।

पर मेरा प्रजातन्त्र आपात्काल में नहीं मरा तो घोटाला-काल में कैसे मर सकता है? सुन सखि, सन्नाटा टूट रहा है। भ्रष्टाचार की उखड़ी साँस चलने लगी है। उसे व्यापम की ऑक्सिजन मिल गयी है। मध्यप्रदेश, महाराष्ट्र, राजस्थान, केरल, उत्तराखंड आदि से आये विशेषज्ञों की देखरेख में घोटाला स्वस्थ होने लगा है। शोक गीत प्रयाण गीत में बदल रहा है। पटाखों की टोकरियाँ सज गयी हैं। चैनलों में चर्चा का वसन्त छा गया है। कोयल की कूक और कौव्वों की काँव-काँव चर्चायमान् हो रही है।

हमाम सजने लगे हैं। नंगपन के नये-नये आसन सिखाने के लिए बड़े-बड़े गुरु दरबार में आ गये हैं।

जो अपने गिरेबान में दूसरों को झाँकने नहीं देते थे और डियोडरेंट की सुगन्ध से बदबू को भगाए फिरते थे, वही दूसरे के गिरेबान झाँक रहे हैं और उनकी बदबू को सूँघकर बता रहे हैं कि इसकी दुर्गन्ध कैसी है। भ्रष्टाचार के बादल गरज रहे हैं, घोटालों की वर्षा होने लगी है, निन्दारस के कीड़ से क्षीरसागर उत्पन्न हो गया है और उसमें अनेक सूअर किलोल कर रहे हैं। मेढक टर्राने लगे हैं। रक्त पिपासु मच्छर, सत्ता दल में मलेरिया फैलाने के लिए सक्रिय हो गये हैं।

कुछ को राष्ट्रकवि मैंथिलीशरण गुप्त याद आ रहे हैं और वे कुछ गा रहे हैं–

पापी मनुज भी मुख से राम नाम उच्चारते
देखो भयंकर भेड़िए भी आज आँसू डारते।

कुछ को सूरदास स्मरण आ रहे हैं और वे गान्धारी के समक्ष गा रहे हैं–

मैया मोरी में नहीं माखन खायो!

ग्वाल-बाल सब बैर पड़े हैं, बरबस मुख लिपटायो।

किसी विधवा-सी खामोश संसद नयी बहू-सी श्रृंगारित हो गयी है। नयी बहू के आने की खुशी में घर में चहल-पहल मच गयी है। कुछ मनचले फब्ती कस रहे हैं। विवाहोत्सव-सा चारों ओर कोलाहल है जिसमें किसी का कहा कुछ भी सुनाई नहीं दे रहा है, बस एक टालू मिक्सचर तैयार हो रहा है। एक कोलाहल है जो संसद को गुंजायमान कर घोषणा कर रहा है कि प्रजातन्त्र अट्टहास कर रहा है। 'इस्तीफा इस्तीफा' के मन्त्र उच्चारण से इन्द्र का सिंहासन डोल रहा है।

सन्नाटा टूट गया है। प्रजातन्त्र के अच्छे दिन आ गये हैं। विरोधी दलों के अच्छे दिन आ गये हैं। बाजार के अच्छे दिन आ गये हैं। भ्रष्टाचारियों के अच्छे दिन आ गये हैं। सत्ता के दलालों के अच्छे दिन आ गये हैं। सीकरी के सन्त अपनी पगहियों पर सोल चढ़वा रहे हैं।

और जनता के अच्छे दिन...उसके कभी आये हैं जो आज आयेंगे!

तुम तो सन्नाटा बुनो जनता। सन्नाटे की आवाज सुनो जनता!

नवगति, नवलय ताल, छन्द नव

वे सुबह-सुबह मिलते हैं। अकसर वे शाम-शाम को मिलना पसन्द करते हैं। उन्हें आवश्यकता हो तो वे रात-रात भी मिल लेते हैं। वे बड़े मिलनसार हैं जैसा मिलनसार चुनाव के समय वोटाकांक्षी नेता या फिर कीचड़ में सूअर को भी कमल समान आलिंगन करने वाला टिकटार्थी होता है। पर मुझे आवश्यकता हो तो वे आभासित दुनिया के फेसबुकिया मित्र हो जाते हैं, दिखते हैं पर मिलते नहीं। हमारे प्रजातन्त्र में फेसबुकीय—सम्बन्धों की परम्परा तो आजादी के बाद से निरन्तर कायम है। यह दीगर बात है कि हमारे ये मित्र नहीं पाँच साल में एक बार दिखने वाले आभासित सेवक हैं जो दिखते तो हैं मिलते नहीं।

इस बार वे रात-रात मिले। मिले क्या टकरा गये। बोले, 'बधाई हो!'

मैंने बधाई लपक ली। जानता हूँ कि उनकी बधाई निरर्थक नहीं होती है, फिर भी लपक ली। जो रेत में भी मछली पकड़ लेता हो उसकी बधाई निरर्थक कैसे हो सकती है। वे तो प्रभु की तरह हैं जो भक्त को भी बिना तपस्या के वरदान नहीं देते हैं। फिर भी मैंने बधाई लपक ली। अभाव आदमी को धृतराष्ट्र बना देता है। परेशानी में वह साँप को भी रस्सी समझ उठा लेता है और तब तक उसे रस्सी माने पकड़े रखता है जब तक वह डस न ले। लोगों को अच्छे दिनों का इन्तजार है और मुझे अच्छे समाचार का। अच्छे दिन, दिन में ही आ सकते हैं पर अच्छे समाचार तो रात या दिन, कभी भी आ सकते हैं। बधाई दिन में दी गयी हो या रात में उसके पीछे अच्छा समाचार छिपा ही होता है। इन दिनों में अच्छे दिन की तरह अच्छे समाचार की तलाश में हूँ इसलिए साँप को रस्सी समझ लपक लिया।

इन दिनों तो कोई बेटा या कन्या 'रत्न' के होने की भी बधाई दे तो लगता है कि जैसे बैंक, जितना चाहो अपनों पैसा ले लो व्यवस्था की, बधाई दे रहा है। मैंने भी इसी अन्दाज में बधाई ग्रहण करते हुए कहा—यह अच्छा है कि बैंकों की कतार खत्म हो गयी, एटीएम नोट से भर गये और...

—तू तो सावन का ही नहीं पतझड़ का भी अन्धा है, में तुझे नये साल की बधाई दे रहा हूँ, नव वर्ष की ब धा ई! समझा?

—फिर तो मुझे तुझसे बधाई नहीं, सरकार से शुभकामना चाहिए।

—सरकार तो लगातार तेरे जैसों का शुभ कर रही है। हर रोज किसी न किसी शुभकामना की घोषणा हो रही है, कभी कैशवान और कभी कैशलेस। तुझे कैसी शुभकामना चाहिए?

—कैशवान शुभकामना...नये वर्ष में बैंकों की कतार कम हो जाये, छूटी हुई नौकरी बहाल हो जाये, एटीएम पहले जैसे सक्षम हो जायें, और...

—रे मूढ़ तू ढाक के तीन पात है या फिर वित्त मन्त्री का बजट जो केवल टैक्स, टैक्स और टैक्स के अतिरिक्त कोई और पत्ता चलता ही नहीं है। क्या तूने किसी युवा की तरह कान में इयर प्लग ठूँसा हुआ है जो सरकार की घोषणाओं को सुन नहीं रहा है। सरकार ने साफ कह दिया है कि वह नये साल में ऐसी कोई शुभकामना नहीं दे सकती कि बैंकों के हालात सुधरेंगे। तू तो जानता ही है कि उसे तीन राज्यों में चुनाव लड़ने जैसा कितना महत्त्वपूर्ण काम करना है। तेरी शुभकामना की तो उसे आवश्यकता है। और तू है कि...केवल अपने बारे में ही सोचता है, कुछ देश के बारे में भी सोच। देश नयी दिशा की ओर जा रहा है, तू भी चल। राम तू बिना सोचे समझे चल।' यह कहकर वे मुझे अकेला खड़ा छोड़, चल दिये।

वे चले गये और में वहीं खड़ा रहा, जैसे भारत का किसान जो प्रेमचन्द के समय में जहाँ खड़ा था आज भी वहीं खड़ा है। गरीब वहीं है और उसकी चिन्ता करने वाले, 'सेवा' का मेंवा भक्ष करने वाले, स्वर्ग की सीढ़ियाँ चढ़ रहे हैं। में समझ गया कि में मूढ़ हूँ जो शुभकामना के सही अर्थ को नहीं समझता हूँ। में समझ गया कि जैसे 'दोस्त पुलिस' का अर्थ नहीं अनर्थ होता है वैसे ही सरकार की शुभकामना का होता है। में समझ गया कि मेरे दाँत, पेट, कॉलेस्ट्राल, मिलावटयुक्त की चिन्ता कर शुभकामना की आढ़ में अपने पदार्थ बेचने वाले योगी मेरे भोगी 'दोस्त पुलिस' हैं। में समझ गया कि जैसे डाकिया, चौकीदार ड्राइवर आदि खाली-पीली शुभकामना नहीं देते हैं वैसे ही 'देश सेवा' में लगे आपके सेवक एक हाथ शुभकामना देते हैं तो कई हाथों से...।

में जानता था कि अधिक देर खड़ा नहीं रह सकता हूँ, इसलिए घिसट-घिसट चलने लगा। में स्वयं को घसीट रहा था। मार्ग में आश्रम आया। न न ये वो वाला आश्रम नहीं है जिसके करोड़ों के विज्ञापन आप टीवी पर देखते हैं। यह तो अहिंसक आश्रम है जहाँ से कभी, 'वैष्णव जन तो तेने कहिए जो पीर पराई

जाने रे' वाला स्वर सुनाई देता था। पर आप तो जानते ही हैं कि देश बदल रहा है। आजकल वह स्वर नहीं सुनाई देता है। यह स्वर 'वैरी ओल्ड' जो हो गया है। पीर पराई वाले वैष्णव जन तो संसदाश्रम चले गये हैं। यहाँ आजकल संसदाश्रम प्रशिक्षित कलाकार 'निराला' गीत गाते हैं।

'नव गति नव लय ताल छन्द नव'

देश में सब कुछ नया-नया है—गति, लय, ताल और छन्द। नयी गति से न दौड़ पाने वाले मुझ जैसे करोड़ों वंचित घिसट-घिसट कर चल रहे हैं और घुटने छिलवा रहे हैं। इसकी गति से दौड़ने वाले मुट्ठी भर 'सज्जन', करोड़ों ठूँसे, इतनी तेज मुद्रा से दौड़ रहे हैं कि करोड़ों मुद्राओं संग परदेस पहुँच गये हैं। बेचारा कोटि-कोटि पग वाला खिसियाया हुआ वंचित देस खम्बा नोच रहा है। इस नये ताल और लय पर जो नहीं नाच रहा है वह उपेक्षा का दर्द झेल रहा है। जो इस नये छन्द में नहीं बँधा है वह देशद्रोह का वेताल ढो रहा है।

□□